2020 年中国建筑工业化发展报告

同济大学国家土建结构预制装配化工程技术研究中心　主编

中国建筑工业出版社

图书在版编目（CIP）数据

2020年中国建筑工业化发展报告 / 同济大学国家土建结构预制装配化工程技术研究中心主编. — 北京 ：中国建筑工业出版社，2021.10

ISBN 978-7-112-26544-2

Ⅰ. ①2… Ⅱ. ①同… Ⅲ. ①建筑工业-工业发展-研究报告-中国- 2020 Ⅳ. ①F426.9

中国版本图书馆 CIP 数据核字（2021）第 187992 号

新型建筑工业化是一种整合设计、生产、施工等整个建筑产业链的可持续发展的新型生产方式，是建筑业的发展方向。本书是由同济大学国家土建结构预制装配化工程技术研究中心组织行业力量编写的一本关于中国建筑工业化的发展报告，对推进新型建筑工业化具有重要意义。本书系统总结梳理了 2020 年我国建筑工业化发展的新政策、新标准、新技术及新体系，分享了龙头企业及示范项目的发展经验，帮助广大读者了解目前我国建筑工业化发展的情况，分析促进和影响行业发展的各种因素，预测行业的未来发展趋势。

责任编辑：曹丹丹　张伯熙
责任校对：李美娜

2020 年中国建筑工业化发展报告
同济大学国家土建结构预制装配化工程技术研究中心　主编
*
中国建筑工业出版社出版、发行（北京海淀三里河路 9 号）
各地新华书店、建筑书店经销
北京鸿文瀚海文化传媒有限公司制版
北京圣夫亚美印刷有限公司印刷
*
开本：787 毫米×1092 毫米　1/16　印张：8½　字数：191 千字
2021 年 11 月第一版　　2021 年 11 月第一次印刷
定价：**32.00** 元
ISBN 978-7-112-26544-2
（38095）
版权所有　翻印必究
如有印装质量问题，可寄本社图书出版中心退换
（邮政编码　100037）

编写组

组　长： 李国强

副组长： 刘玉姝　宫　海　刘　青

成　员： 李　文　肖子捷　钟　易　张　胜　武可爽
王再荣　赵　斌　陆　彬　王　珂　宋佳茗
郭建好　金华建　陈　晨　黄陈晨　魏晨光
王　轶　顾镇媛　陆佳慧　黄吴量　侍崇诗
薛屹峰　樊施丝　朱玲玲　沈鑫童　许　可

主编单位：

同济大学国家土建结构预制装配化工程技术研究中心

副主编单位：

上海同济绿建土建结构预制装配化工程技术有限公司

参编单位：

南通装配式建筑与智能结构研究院
中建科技集团有限公司
长沙远大住宅工业集团股份有限公司
浙江交工集团股份有限公司
苏州良浦住宅工业有限公司

前言

为构建符合国家发展战略的“资源节约型”和“环境友好型”社会，2016 年 2 月《国务院关于进一步加强城市规划建设管理工作的若干意见》中明确提出，大力推广装配式建筑，并积极稳妥推广钢结构建筑，倡导现代木结构。同时将制定装配式建筑设计、施工和验收规范，完善部品部件标准列入发展目标。

在国家和有关部门及各地政府的大力推动下，经过“十三五”期间的一系列探索实践，我国在发展新型建筑工业化方面已具备非常好的政策环境、产业基础和市场条件。2020 年住房和城乡建设部等 9 部门联合印发《关于加快新型建筑工业化发展的若干意见》后，各地政府和相关企业纷纷响应，政府层面陆续发布了推进当地新型建筑工业化发展的相关政策文件，企业层面也进一步加大了相关技术体系的研发和投入力度。接下来在“十四五”期间，如何以工业化制造取代传统建造，以机械装配化作业取代手工砌筑作业等，成为当下建筑产业界普遍关注和重点思考的问题。

“十四五”时期国家倡导“创新、协调、绿色、开放、共享”的新发展理念，对建筑业提出了绿色发展要求，加快发展新型建筑工业化是住房和城乡建设领域践行绿色发展和高质量发展的重要举措。推进以装配式建筑、信息化和智能化融合发展为特征的新型建筑工业化，是推动形成绿色低碳节能环保的生产方式，带动国内建筑业全面转型升级的必然选择。

为了总结我国建筑工业化发展成果，在未来更好地推动建筑工业化高水平、高质量、绿色化、智能化发展，同济大学国家土建结构预制装配化工程技术研究中心成立《2020 年中国建筑工业化发展报告》编写组，组织企业、专家对“十三五”时期，尤其是 2020 年我国建筑工业化取得的成绩和存在的不足进行整理与分析，把握建筑工业化的行业发展现状和技术发展趋势。通过对一年来建筑工业化发展状况、相关数据、技术创新成果进行归纳、总结，编辑出版本书。

本书从建筑工业化的市场环境、技术进展、行业发展情况、研究情况等方面，提供我国建筑工业化发展的即时状况，可为各级建筑主管部门制定建筑工业化相关的创新政策机制和监管模式提供参考，帮助产业链相关的企业了解行业发展情况，尽快理解和掌握相关规范和法规，促进技术的整合和升级，加快提升建筑业的产业化和规模化。

本书在编写过程中收集整理了大量资料，并参考了多方面研究的成果，但由于时间仓促和自身能力所限，对于有些统计数据和资料的收集不够及时和完整，书中内容难免有疏漏、不深入、不全面等不妥之处，恳请广大读者批判指正。在编撰本书和收集相关资料过程中，得到了有关部门、企业、专家的大力支持与协助，在此一并表示感谢！

同济大学国家土建结构预制装配化工程技术研究中心

2021 年 7 月

目　录

1　建筑工业化相关政策 / 1

2　建筑工业化技术进展 / 32

3 建筑工业化产业发展情况 / 69

4 建筑工业化项目总体情况 / 110

1 建筑工业化相关政策

1.1 国家政策

1.1.1 政策背景

2021年初，为了解掌握各地装配式建筑推进情况、完成装配式建筑的各项目标和任务，住房和城乡建设部发布了《住房和城乡建设部标准定额司关于2020年度全国装配式建筑发展情况的通报》(建司局函标〔2021〕33号)，2020年度全国装配式建筑发展情况大致如下：

1. 总体发展情况

各地深入贯彻落实中央城市工作会议精神和《国务院办公厅关于大力发展装配式建筑的指导意见》(国办发〔2016〕71号)，坚持市场主导、政府推动的基本原则，积极制定政策措施，逐步健全技术标准体系，有效推动装配式建筑快速发展。2020年，全国31个省、自治区、直辖市和新疆生产建设兵团新开工装配式建筑共计6.3亿m^2，较2019年增长50%，占新建建筑面积的比例为20.5%，完成了《"十三五"装配式建筑行动方案》确定的到2020年达到15%以上的工作目标。

2. 区域发展情况

2020年，京津冀、长三角、珠三角等重点推进地区新开工装配式建筑占全国的比例为54.6%，重点推进地区所占比重较2019年进一步提高；积极推进地区和鼓励推进地区占全国比例为45.4%。其中，上海市新开工装配式建筑占新建建筑的比例为91.7%，北京市为40.2%，天津市、江苏省、浙江省、湖南省和海南省均超过30%。

3. 不同结构类型发展情况

从结构形式看，新开工装配式混凝土结构建筑4.3亿m^2，较2019年增长59.3%，占新开工装配式建筑的比例为68.3%；新开工钢结构装配式建筑1.9亿m^2，较2019年增长46%，占新开工装配式建筑的比例为30.2%。其中，新开工钢结构装配式住宅1206万m^2，较2019年增长33%。钢结构装配式集成模块建筑得到快速推广，为新型冠状病毒肺炎疫情防控发挥了重要作用。

4. 产业链发展情况

随着政策驱动和市场内生动力的增强，装配式建筑相关产业发展迅速。截至2020年，全国共创建国家级装配式建筑产业基地328个，省级产业基地908个。在装配式建筑产业链中，构件生产、装配化装修成为新的亮点。其中，构件生产产能和产能利用率进一步提高，全年装配化装修面积较2019年增长58.7%。

住房和城乡建设部对各省（自治区、直辖市）装配式建筑统计数据进行了分析、评估，指出了当前行业发展存在的主要问题：

1. 标准化程度低

当前，我国装配式建筑构件标准化、模数化程度较低。由于设计环节缺乏标准化和模数化的理念指导，实际应用中不同规格尺寸的构件多，模具用量大，通用化生产水平低，生产、堆放、运输、安装等各个环节的管理相对困难，生产效率低，模具摊销成本和人工成本高，未能发挥装配式建筑优势。

2. 建设模式创新不够

目前，应用EPC工程总承包的装配式建筑项目数量较少，工程总承包项目的管理水平也有待提升。多数地区工程总承包相关政策指导文件尚不明确，具有承接工程总承包项目能力的企业数量不足，全产业链各环节协同工作不足，不能实现整体效益最大化。

3. 信息化发展滞后

装配式建筑是建筑信息化发展的重要载体。目前，建筑信息模型（BIM）虽有一定的研发和实践，但总体上推进缓慢，基本还停留在设计或模拟、展示层面，缺少对设计、生产、物流、施工全产业链的统筹应用。多数地区未建立信息化管理平台，信息化、智能化总体水平偏低。

针对这些问题，住房和城乡建设部制定了2020年主要工作举措，为装配式建筑发展提供了解决思路：

1. 积极引导装配式建筑技术体系优化和升级

积极鼓励技术和产品创新，加快形成适合中国国情的可复制可规模推广的装配式建筑技术体系。开展装配式建筑技术体系、配套产品和工艺工法的征集和评估工作。分片区开展《装配式混凝土建筑技术体系发展指南（居住建筑）》宣贯工作。举办全国性的装配式建筑设计方案征集活动，将标准化理念贯穿于装配式建筑设计主线，并在工程实践中发挥标准化的作用。

2. 编制钢结构建筑相关标准和技术指南

按照住房和城乡建设部以钢结构建筑为切入点推动住房城乡建设转型发展、促进建筑业供给侧结构性改革的工作部署，积极推进钢结构建筑的相关工作。研究钢结构公共建筑发展思路，完善钢结构建筑相关标准，推动解决钢结构建筑上下游产业链标准化的关键难题，并为钢结构住宅打好工业化、产业化发展基础。

3. 提高装配式建筑产业能力

提高设计统筹能力，鼓励在装配式建筑设计、施工过程中全程采用 BIM 技术，组织开展装配式建筑 BIM 应用软件成果测评和评估推广。发挥装配式建筑产业基地的骨干带动作用，激发企业积极性，引导产业合理布局，提升装配式建筑各参与主体的产业能力。鼓励各地建立装配式建筑实训基地，发挥好行业协会力量，加大力度培养装配式建筑产业工人。

4. 发挥示范城市、产业基地和示范项目引领作用

住房和城乡建设部于 2017 年 11 月认定了第一批 30 个装配式建筑示范城市和 195 家产业基地，2019 年对相关城市和产业基地进行了评估。评估结果显示：这些示范城市和产业基地充分发挥了示范引领作用，有力地推动了装配式建筑产业的发展，提升了整体发展水平。2020 年住房和城乡建设部开展了第二批装配式建筑示范城市和产业基地认定工作。另外，各地申报的住房和城乡建设部科学计划项目中装配式建筑示范工程项目日益增多，要积极引导示范工程将装配式建筑与绿色节能建筑和智慧建筑进行有机融合，发挥综合示范效果。通过示范城市、产业基地和示范项目引领，形成以点带面、示范先行、整体推进的工作格局。

5. 积极推广装配化装修

装配化装修与装配式结构建造密不可分，要持续加大装配化装修推广力度，推行结构与管线分离，促进集成厨卫、轻质隔墙等材料、产品和设备管线集成化技术的应用。2020 年已启动编制《装配化装修技术体系发展指南（居住建筑）》，以便明确装配化装修的标准化设计、工厂化生产和装配化施工要求，全面指导各地装配化装修技术发展，引导各地加大力度开展装配化装修实践，进一步提升建筑品质和人民群众的获得感、幸福感。

6. 加大宣传引导，促进建筑行业转型升级

发展装配式建筑不但是我国建筑行业追赶世界先进建造水平的重要举措，也是行业自身绿色发展的迫切需要，更是满足消费者获得高品质建筑的重要途径。各级政府要广泛宣传和落实装配式建筑的相关政策，推介装配式建筑的优秀产品，展示装配式建筑带来的经济、社会和环境效益，提高装配式建筑社会认知度和认可度，让更多的行业主体积极转型，为人民群众建设品质优良、性能优越的建筑产品，着力营造各方关注和支持装配式建筑发展的良好氛围。

1.1.2 相关政策

围绕工作方向，住房和城乡建设部发布了一系列有利于装配式建筑发展的技术和经济政策，主要分为“绿色建筑”“装配式”“协同发展”三个大类。

1. “绿色建筑”相关政策

2020 年 5 月 8 日，住房和城乡建设部印发《关于推进建筑垃圾减量化的指导意见》

（建质〔2020〕46号，以下简称《意见》），要求做好建筑垃圾减量化工作，促进绿色建造和建筑业转型升级。对于如何实现建筑垃圾减量，《意见》中提出了具体措施：实施新型建造方式，大力发展装配式建筑，推行工厂化预制、装配化施工、信息化管理的建造模式。

2020年7月24日，住房和城乡建设部、发展和改革委员会、教育部、工业和信息化部、中国人民银行、国家机关事务管理局、中国银行保险监督管理委员会7部门联合发布《绿色建筑创建行动方案》（建标〔2020〕65号），提出推动新建建筑全面实施绿色设计、完善星级绿色建筑标识制度、推广装配化建造方式、推动绿色建材应用、加强技术研发推广和建立绿色住宅使用者监督机制等8大重点任务。明确到2022年，当年城镇新建建筑中绿色建筑面积占比达到70%，星级绿色建筑持续增加，装配化建造方式占比稳步提升，绿色住宅使用者监督机制全面推广。

2020年8月3日，市场监管总局、住房和城乡建设部、工业和信息化部联合发布《关于加快推进绿色建材产品认证及生产应用的通知》（市监认证〔2020〕89号），要求在前期绿色建材评价工作基础上，加快推进绿色建材产品认证工作，将预制构件等51种产品纳入绿色建材产品认证实施范围，按要求实施分级认证。住房和城乡建设主管部门依托建筑节能与绿色建筑综合信息管理平台搭建绿色建材采信应用数据库，获证企业或认证机构提出入库申请，省级住房和城乡建设主管部门要结合实际制定绿色建材认证推广应用方案，鼓励在绿色建筑、装配式建筑等工程建设项目中优先采用绿色建材采信应用数据库中的产品。

2020年10月22日，财政部、住房和城乡建设部联合发布《关于政府采购支持绿色建材促进建筑品质提升试点工作的通知》（财库〔2020〕31号），要求形成绿色建筑和绿色建材政府采购需求标准。在政府采购工程中探索支持绿色建筑和绿色建材推广应用的有效模式，形成可复制、可推广的经验。试点城市为南京市、杭州市、绍兴市、湖州市、青岛市、佛山市。

2. “装配式建筑”相关政策

2020年2月8日，国家卫生健康委员会、住房和城乡建设部印发《新型冠状病毒肺炎应急救治设施设计导则（试行）》，指出新型冠状病毒肺炎应急救治设施鼓励优先采用装配式建造方式，新建工程项目宜采用整体式、模块化结构。结构形式选择优先考虑轻型钢结构等装配式建筑。

2020年2月27日，国家卫生健康委员会、住房和城乡建设部印发《新型冠状病毒肺炎应急救治设施负压病区建筑设计导则（试行）》，提出新型冠状病毒肺炎应急救治设施负压病区结构形式选择宜采用钢结构装配式等轻型结构。

3. “智能建造与建筑工业化协同发展”相关政策

2020年7月3日，住房和城乡建设部、国家发展和改革委员会、工业和信息化部等13部门联合印发了《关于推动智能建造与建筑工业化协同发展的指导意见》（以下简称

《指导意见》），《指导意见》明确提出，要围绕建筑业高质量发展总体目标，以大力发展建筑工业化为载体，以数字化、智能化升级为动力，形成涵盖科研、设计、生产加工、施工装配、运营等全产业链融合一体的智能建造产业体系。到2025年，我国智能建造与建筑工业化协同发展的政策体系和产业体系基本建立，建筑产业互联网平台初步建立，推动形成一批智能建造龙头企业，打造“中国建造”升级版。到2035年，我国智能建造与建筑工业化协同发展取得显著进展，建筑工业化全面实现，迈入智能建造世界强国行列。同时，《指导意见》从加快建筑工业化升级、加强技术创新、提升信息化水平、培育产业体系、积极推行绿色建造、开放拓展应用场景、创新行业监管与服务模式七个方面，提出了推动智能建造与建筑工业化协同发展的工作任务。

2020年8月23日，住房和城乡建设部、工业和信息化部等9部门联合印发《关于加快新型建筑工业化发展的若干意见》（建标规〔2020〕8号）（以下简称《意见》），要求大力发展装配式建筑，推动智能建造与建筑工业化协同发展，推进装配式构件及部品部件标准化生产。新型建筑工业化的发展旨在转变以往建造技术水平不高、科技含量较低、单纯拼劳动力成本的竞争模式，将工业化生产和建造过程与信息化紧密结合，在保障性住房和商品住宅中积极应用装配式混凝土结构，鼓励有条件的地区全面推广应用预制内隔墙、预制楼梯和预制楼板。《意见》对《国务院办公厅关于大力发展装配式建筑的指导意见》（国办发〔2016〕71号）印发实施以来，以装配式建筑为代表的新型建筑工业化的快速推进以及建造水平和建筑品质的明显提高给予了肯定，并对进一步的发展做出了相关指导。

4. 产业培训相关政策

1）培训目标

（1）住房和城乡建设部

住房和城乡建设部等12部门2020年12月18日联合印发《关于加快培育新时代建筑产业工人队伍的指导意见》（以下简称《指导意见》），从做实产业工人培育载体、加强建筑工人技能培训、保障建筑工人合法权益、改善建筑工人生产生活环境4个方面明确了11项主要任务，提出了到2025年和2035年的工作目标。根据建筑行业工人的实际技能水平情况，《指导意见》明确到2025年，符合建筑行业特点的用工方式基本建立，建筑工人实现公司化、专业化管理，建筑工人权益保障机制基本完善；建筑工人终身职业技能培训、考核评价体系基本健全，中级工以上建筑工人达1000万人以上。到2035年，建筑工人就业高效、流动有序，职业技能培训、考核评价体系完善，建筑工人权益得到有效保障，获得感、幸福感、安全感充分增强，形成一支秉承劳模精神、劳动精神、工匠精神的知识型、技能型、创新型建筑工人大军。

（2）教育部

为贯彻落实《国家职业教育改革实施方案》，办好公平、有质量、类型特色突出的职业教育，提质培优、增值赋能、以质图强，加快推进职业教育现代化，更好地支撑我国经济社会持续健康发展，教育部于2020年9月份特制定《职业教育提质培优行动计划（2020—2023年）》（以下简称《行动计划》）。

《行动计划》提出，要通过建设，使职业教育与经济社会发展需求对接更加紧密、同人民群众期待更加契合、同我国综合国力和国际地位更加匹配，中国特色现代职业教育体系更加完备、制度更加健全、标准更加完善、条件更加充足、评价更加科学，具体如下：

① 职业教育发展制度基本健全，职业学校层次结构合理，分类考试招生成为高职学校招生的主渠道，职业教育"国家学分银行"投入运行。

② 国务院有关部门协同配合、地方落实主责的职业教育工作机制更加顺畅，政府、行业、企业、学校职责清晰、同向发力，政府统筹管理、社会多元办学的格局更加稳固。

③ 职业教育与普通教育规模大体相当、相互融通，职业学校办学定位清晰，专业设置和人才供给结构不断优化，每年向社会输送数以千万计的高质量技术技能人才。

④ 国家、省、校三级职业教育标准体系逐步完善，职业学校教学条件基本达标，评价体系更具职教特色，教师、教材、教法改革全面深化。

⑤ 职业学校办学水平、人才培养质量和就业质量整体提升，职业教育的吸引力和社会认可度大幅提高，有效支撑地方经济社会发展和国家重大战略。

（3）人力资源和社会保障部

2019年5月，国务院办公厅印发了《职业技能提升行动方案（2019—2021年）》，提出实施职业技能提升行动，用3年时间，统筹使用1000亿元失业保险基金结余，补贴培训5000万人次以上。经过共同努力，2019年职业技能提升行动超额完成全年1500万人次培训目标，培训人次和资金支出均较上年有较大幅度增长。各地通过线上培训等方式持续推动提升行动实施。

2020年职业技能培训目标：为了扎实推动职业技能提升行动各项工作落实落地，进一步扩大政策覆盖面，人力资源和社会保障部以企业职工为重点，面向广大城乡各类劳动者大规模开展职业技能培训，实现全年培训1700万人次以上的目标任务。

2）支持措施

（1）职业教育培训补贴

2019年5月国务院印发《职业技能提升行动方案（2019—2021年）》：

① 劳动者取得证书（职业资格证书、职业技能等级证书、专项职业能力证书、特种作业操作证书、培训合格证书等）的，按规定给予补贴，原则上每人每年可享受不超过3次，同一职业同一等级不可重复享受（表1-1）。

② 符合条件的企业职工参加岗前培训、安全技能培训、转岗转业培训或初级工、中级工、高级工、技师、高级技师培训，按规定给予职业培训补贴或参保职工技能提升补贴。

2020 年部分省份职业教育培训补贴金额清单（单位：元） 表 1-1

序号	省份	初级职业资格证书补贴	中级职业资格证书补贴	高级职业资格证书补贴
1	江苏	1000	1500	2000
2	山东	1000	1500	2000
3	浙江	1000	1500	2000
4	安徽	1000	1500	2000
5	四川	1000	1500	2000
6	湖南	1450	1650	2180
7	海南	800	1300	1800

3）考评体系

（1）教育部 1＋X 证书

2017 年 3 月，住房和城乡建设部《“十三五”装配式建筑行动方案》明确到 2020 年，全国装配式建筑占新建建筑比例达到 15％以上。目前全国 31 个省、自治区、直辖市已出台装配式建筑目标及保障政策；装配式建筑市场元年到来，也使得装配式建筑专业人才紧缺。2019 年 4 月 16 日，教育部等部门联合印发《关于在院校实施“学历证书＋若干职业技能等级证书”制度试点方案》，部署启动“学历证书＋若干职业技能等级证书”（以下简称“1＋X 证书”）制度试点工作。

（2）人力资源和社会保障部装配式建筑施工员

中国就业培训技术指导中心和人力资源和社会保障部职业技能鉴定中心于 2020 年 5 月 11 日发布了《关于拟发布新职业信息公示的通告》，由有关行业部委、行业协会（学会）、企业及研究机构申报、论证了 16 个新职业，其中包括装配式建筑施工员。

装配式建筑施工员职业定义：在装配式建筑施工过程中从事构件安装、进度控制和项目协调的人员。主要工作内容包括：编制装配式建筑预制构件现场安装方案，负责预制构件现场堆放，负责现场构件定位放线、标高测定、吊装、安装、调平、校正，负责构件的临时支撑，负责外墙、内墙构件的砂浆密封和套筒灌浆连接，负责构件吊装后的吊点切割和抹平，负责构件表面预埋件凹槽部位的处理，负责施工现场进度的控制以及与有关单位的沟通协调。

（3）同济大学国家土建结构预制装配化工程技术研究中心考评体系

考虑到我国装配式建筑市场规模将突破 1 万亿元，新形势下建筑企业工人占比低、队伍老龄化、自有中高级技能人员稀缺等问题日益严重，当前建筑企业对关键岗位高技能人才、新兴工种技术工人有较强的需求，同济大学国家土建结构预制装配化工程技术研究中心特制定《装配式建筑专业技术人员技能水平职业技能认证细则》。主要考评体系为：装配式混凝土建筑设计、生产、施工、质量的技术人才和产业工人职业技能认证共分 4 类 3 级，按照装配式混凝土建筑深化设计、装配式混凝土预制构件生产、装配式混凝土建筑施工、装配式混凝土建筑质量控制，从低到高分为初级、中级、高级。

申请初级认证的人员，只需要参加对应的理论考试，考试合格的，颁发初级认证证书；申请中级和高级认证的人员，需要同时参加理论考核及实操考核，全部通过的，颁发对应级别证书，不设置补考机制，成绩不合格的可以重考。

1.2 地方政策

1.2.1 发展目标

《“十三五”装配式建筑行动方案》（建科〔2017〕77号）指出：到2020年，全国装配式建筑占新建建筑的比例达到15%以上，其中重点推进地区达到20%以上，积极推进地区达到15%以上，鼓励推进地区达到10%以上。到2020年，培育50个以上装配式建筑示范城市，200个以上装配式建筑产业基地，500个以上装配式建筑示范工程，建设30个以上装配式建筑科技创新基地。各省、自治区、直辖市积极响应，纷纷出台相关文件，明确了装配式建筑的发展目标，见表1-2。

各省、自治区、直辖市装配式建筑的发展目标　　表1-2

省、自治区、直辖市	发展目标	
	2020年	2025年
安徽	15%	30%
北京	30%	—
重庆	15%	30%
福建	25%	35%
甘肃	—	30%
广西	—	30%
广东	20%(15%、10%)	35%(30%、20%)
贵州	10%	30%
海南	—	—
河北	20%(10%)	30%
河南	20%	40%
黑龙江	10%	30%
湖北	35%(20%、15%)	30%
湖南	30%(50%)	—
吉林	20%(10%)	30%
江苏	30%	50%

续表

省、自治区、直辖市	发展目标	
	2020年	2025年
江西	30%(50%)	50%(100%)
辽宁	20%(35%、25%、10%)	35%(50%、40%、30%)
内蒙古	10%(50%、15%、10%、5%)	30%(70%、40%、30%)
宁夏	15%(10%、5%)	30%(25%、20%)
青海	10%(15%、5%)	—
山东	30%(25%、15%)	40%
山西	25%(15%)	30%
陕西	20%	30%
上海	100%	—
四川	30%(35%)	40%
天津	30%(100%、20%)	100%
西藏	—	30%
新疆	15%(10%)	30%
云南	20%	30%(40%)
浙江	30%	—

注：表中的百分比为装配式建筑占新建建筑的比例。

表中括号内数值注释：

广东：到2020年底，广东省重点推进地区装配式建筑占新建建筑的比例达到20%以上，积极推进地区达到15%以上，鼓励推进地区达到10%以上。到2025年底，广东省重点推进地区装配式建筑占新建建筑的比例达到35%以上，积极推进地区达到30%以上，鼓励推进地区达到20%以上。

河北：河北省装配式建筑占新建建筑的比例达到20%以上，其中钢结构装配式建筑占新建建筑的比例达到10%以上。

湖北：武汉市装配式建筑占新建建筑的比例达到35%以上，襄阳市、宜昌市和荆门市达到20%以上，其他城市达到15%以上。

湖南：全省市州中心城市装配式建筑占新建建筑比例达到30%以上，长沙市、株洲市、湘潭市中心城区达到50%以上。

吉林：长春、吉林装配式建筑占新建建筑比例达到20%以上，其他设区城市达到10%以上。

江西：到2020年底，江西省装配式建筑占新建建筑的比例达到30%以上，政府投资项目中装配式建筑的比例达到50%以上。到2025年底，江西省装配式建筑占新建建筑的比例达到50%以上，政府投资项目中装配式建筑的比例达到100%。

辽宁：到2020年底，全省装配式建筑占新建建筑的比例达到20%以上，其中沈阳市达到35%以上，大连市达到25%以上，其他城市达到10%以上。到2025年底，全省装配式建筑占新建建筑的比例达到35%以上，其中沈阳市达到50%以上，大连市达到40%以上，其他城市达到30%以上。

内蒙古：到2020年底，全区装配式建筑占新建建筑的比例达到10%以上，其中政府投资工程项目达到50%以上，呼和浩特市、包头市、赤峰市达到15%以上，呼伦贝尔市、兴安盟、通辽市、鄂尔多斯市、巴彦淖尔市、乌海市达到10%以上，锡林郭勒盟、乌兰察布市、阿拉善盟达到5%以上。到2025年底，全区装配式建筑占新建建筑的比例达到30%以上，其中政府投资工程项目达到70%以上，呼和浩特市、包头市达到40%以上，其余盟市达到30%以上。

宁夏：分别为重点推进地区（宁东能源化工基地、兴庆区、金凤区、西夏区、贺兰县、永宁县、灵武市、银川市滨河新区）、积极推进地区（大武口区、惠农区、平罗县、利通区、青铜峡市、原州区、沙坡头区、中宁县）、鼓励推进地区（盐池县、同心县、红寺堡区、西吉县、隆德县、泾源县、彭阳县、海原县）装配式建筑占新建建筑的比例。

青海：全省装配式建筑占新建建筑的比例达到10%以上，西宁市、海东市达到15%以上，其他地区达到5%以上。

山东：济南市、青岛市装配式建筑占新建建筑的比例达到30%以上，其他设区城市和县（市）分别达到25%、15%以上。

山西：太原市、大同市装配式建筑占新建建筑的比例达到25%以上，其他设区城市达到15%以上。

上海：全市装配式建筑的单体预制率达到40%以上或装配率达到60%以上。外环线以内采用装配式建筑的新建商品住宅、公租房和廉租房项目100%采用全装修，实现同步装修和装修部品构配件预制化。

四川：到2020年底，全省装配式建筑占新建建筑的比例达到30%以上，其中五个试点市达到35%以上；到2025年底，全省范围装配率达到50%以上的建筑占新建建筑的比例达到40%以上。

天津：分别为全市、重点推进地区（中心城区、滨海新区核心区的新建公共建筑，中新生态城商品住宅）、其他地区的发展目标。

新疆：分别为积极推进地区（乌鲁木齐市、克拉玛依市、吐鲁番市、库尔勒市、昌吉市）、鼓励推进地区（其余城市）装配式建筑占新建建筑的比例。

云南：到2020年底，昆明市、曲靖市、红河州装配式建筑占新建建筑的比例达到20%以上；到2025年底，全省装配式建筑占新建建筑的比例达到30%以上，其中昆明市、曲靖市、红河州达到40%以上。

1.2.2 支持措施

为了促进装配式建筑的发展，各省、自治区、直辖市都制定了相关的支持措施，见表1-3。其中“税费优惠”“用地支持”两项措施基本全国各地都已制定。在用地支持方面，北京、上海、天津三个直辖市没有相关措施，这与其城市建设用地紧张有一定关系。

各省、自治区、直辖市装配式建筑的发展支持措施　　表 1-3

省、自治区、直辖市	高企申报	企业资质	房屋预售	面积奖励	财政补贴	税费优惠	项目贷款支持	购房支持	项目评奖优先	保障金减免	用地支持	科研支持	招标投标优先	交通支持
安徽	+			+							+			
北京			+	+	+	+								
重庆			+		+	+					+	+		+
福建			+	+		+	+	+	+		+			+
甘肃	+		+	+	+	+		+	+	+	+			+
广东	+			+	+	+	+	+			+			
广西	+		+	+	+	+	+	+		+	+	+		
贵州		+	+	+	+	+	+	+			+	+		
海南	+		+	+		+	+	+	+		+	+	+	+
河北	+			+	+	+	+		+		+	+		+
河南	+		+	+	+	+	+	+	+	+	+	+	+	+
黑龙江	+	+	+		+	+		+	+		+	+		+
湖北	+	+	+	+	+	+	+	+			+			+
湖南	+		+	+	+	+		+			+		+	
吉林		+	+	+		+	+	+	+		+			+
江苏											+			
江西		+	+	+	+	+	+	+	+	+	+	+		+
辽宁				+	+	+		+			+			+
内蒙古			+	+	+	+	+	+	+	+	+			+
宁夏		+	+	+	+	+	+	+	+		+	+		+
青海			+	+	+	+	+	+	+	+	+		+	+
山东	+			+		+	+	+		+	+	+	+	
山西			+	+		+	+	+	+		+			+
陕西	+				+	+		+	+		+	+	+	
上海														

续表

省、自治区、直辖市	高企申报	企业资质	房屋预售	面积奖励	财政补贴	税费优惠	项目贷款支持	购房支持	项目评奖优先	保障金减免	用地支持	科研支持	招标投标优先	交通支持
四川						+			+		+		+	
天津		+		+		+	+		+			+		+
西藏		+	+			+	+	+	+		+	+		
新疆				+	+	+	+		+		+			
云南			+	+		+	+	+		+	+			
浙江			+	+	+	+		+			+			
合计	12	8	20	24	19	28	19	22	17	8	28	13	7	16

1.2.3 相关政策

装配式建筑作为新型建筑工业化的发展重心，在国家装配式建筑发展计划和激励政策的引导下，逐渐步入了快速发展阶段。各省、自治区、直辖市在2020年陆续出台相关政策，助力装配式建筑行业发展，不断推动我国建筑工业化进程。

根据政策内容，可分为“绿色建筑”“装配式建筑”“协同发展”三个大类。

1. 地方“绿色建筑”相关政策

2020年3月19日，上海市住房和城乡建设管理委员会同上海市发展和改革委员会和上海市财政局制定了新一版《上海市建筑节能和绿色建筑示范项目专项扶持办法》（沪住建规范联〔2020〕2号），进一步推进了上海市建筑节能和绿色建筑的相关工作。内容强调：（1）本次修订装配式建筑项目按照评价标准调整补贴方式，对评价等级达到AA的，补贴60元/m^2，达到AAA的补贴100元/m^2，同时将建筑规模要求放宽为1万m^2以上。（2）本次修订将超低能耗建筑示范项目作为新增补贴项目类型，建筑面积要求为0.2万m^2以上，补贴标准定为300元/m^2。

2020年3月23日，安徽省住房和城乡建设厅印发《2020年安徽省住建系统大气污染防治工作方案》，内容强调：加快完善装配式建筑技术标准体系，加强国家级装配式示范城市、基地建设指导和监督，坚持质量安全和宜装配则装配原则，因地制宜选择适合本地区的钢结构、装配式混凝土结构等装配式建筑技术。

2020年4月3日，山西省住房和城乡建设厅制定并出台了《绿色建筑专项行动方案》，提出绿色建筑全面发展、装配式建筑稳步推进、开展绿色建筑创新示范三项工作作为主要目标，明确到2020年，新建绿色建筑占比达到50%。设区城市新建装配式建筑占比达到15%，其中太原市、大同市达到25%。

2020年4月17日，北京市住房和城乡建设委员会、北京市规划和自然资源委员会、北京市财政局联合制定了《北京市装配式建筑、绿色建筑、绿色生态示范区项目市级奖励资金管理暂行办法》，鼓励建设单位实施绿色建造，对装配式建筑项目首次给予财政资金奖励。符合条件的装配式建筑项目奖励 180 元/m^2，单个项目奖励资金高达 2500 万元；同时，大幅提高绿色建筑奖励力度，单个项目最高奖励不超过 800 万元。装配式建筑和绿色建筑可叠加享受奖励。已享受奖励资金的装配式建筑项目，又取得二星级、三星级绿色建筑运行标志的，分别再给予 30 元/m^2、60 元/m^2 的奖励资金，单个项目再奖励资金最高不超过 500 万元。

2020 年 6 月 2 日，湖南省住房和城乡建设厅印发《湖南省“绿色住建”发展规划（2020—2025 年）》，明确到 2025 年，湖南城镇装配式建筑占新建建筑比例达到 30％以上。文件提出要以“湖南省装配式建筑智造平台”为抓手，集中力量攻克装配式建筑关键工程核心技术，推动绿色建筑、装配式建筑、建筑节能、建筑信息模型（BIM）等技术的应用集成，通过绿色设计、绿色生产、绿色建材选用、绿色施工和安装、绿色一体化装修、绿色运营，推进建筑精益化建造，推进建筑业现代化，逐步实现装配式建筑全产业链标准化、产业化、集成化和智能化。

2020 年 10 月 16 日，重庆市住房和城乡建设委员会等 10 部门联合印发《重庆市绿色建筑创建行动实施方案》，提出重点实施 8 大专项工作，要求大力实施装配式建筑，提高装配式建筑标准化水平。明确到 2022 年，当年城镇新建建筑中绿色建筑面积占比达到 70％。全市新开工装配式建筑占新建建筑比例不低于 20％，绿色建材应用进一步扩大。

2020 年 10 月 20 日，天津市住房和城乡建设委员会等 9 部门联合印发《天津市绿色建筑创建行动实施方案》，指出到 2022 年，当年城镇新建建筑中绿色建筑面积占比达到 80％，提高新建装配式建筑比例和绿色建材应用比例。在政府投资工程、重点工程、市政公用工程、绿色建筑和生态城区、装配式建筑等项目中率先采用绿色建材。

2020 年 12 月 11 日，吉林省住房和城乡建设厅发布《吉林省绿色建筑创建实施方案》，提倡推广装配式建造方式，推动绿色建材应用。提出在城镇老旧小区改造、海绵城市建设等政府投资工程、重点工程、市政公用工程、绿色建筑和生态城区、装配式建筑中率先采用绿色建材。明确到 2025 年底，当年城镇新建建筑中绿色建筑面积占比达到 80％。国有资金投资（以国有资金投资为主）的体育、教育、文化、卫生等公益性建筑、保障性住房、棚户区改造及市政基础设施等项目应率先采用装配式建造方式。鼓励引导社会投资项目因地制宜采用装配式建筑。加快产业基地（园区）、试点示范项目建设，促进试点示范城市率先发展，取得突破。

2. 地方“装配式建筑”相关政策

2020 年 2 月 26 日，石家庄市住房和城乡建设局等 6 部门联合印发《关于加快推进装配式建筑工作的通知》，要求严格执行装配式建筑建设比例，确保装配式建筑优惠政策落实，明确地上建筑面积 3％不计入容积率的奖励政策。

2020 年 2 月 27 日，黑龙江省住房和城乡建设厅发布的《2020 年全省建设标准和科技工作要点》规定，到 2020 年末，全省装配式建筑占新建建筑面积的比例不低于 10％；试点城市装配式建筑占新建建筑面积的比例不低于30%。到2025年末，全省装配式建筑占新建建筑面积的比例力争达到30%。

2020年3月2日，河北省住房和城乡建设厅发布了《2020年全省建筑节能与科技和装配式建筑工作要点》，指出2020年城镇新建绿色建筑占新建建筑的比例达到85%以上，装配式建筑占新建建筑的比例达到20%以上。重点大力发展绿色建筑，培育装配式建筑示范市，培育省装配式建筑产业基地，提高基地覆盖率和发展质量；选择2～3个市作为钢结构装配式住宅建设试点市，创新组织模式，完善产业链条，推动项目建设，推动全省钢结构装配式住宅发展。

2020年3月2日，北京市住房和城乡建设委员会发布《2020年生态环境保护工作计划和措施》，明确发展目标：继续稳步推进装配式建筑工作，力争2020年实现装配式建筑占新建建筑的比例达到30%以上。

2020年3月4日，江苏省住房和城乡建设厅印发《2020全省住房和城乡建设工作要点》，要求聚焦城市建设和乡村建设两个方面的高质量发展，提出推动建筑业转型，发展装配式建筑。要加大工作力度，完善联动机制，压实主体责任，确保2020年底全省装配式建筑占新建建筑的比例达到30%。同时，完善装配式建筑工程质量监督体系，推行装配式建筑部品部件驻厂监造制度，修订《装配式结构工程施工质量验收规程》。

2020年3月5日，广州市住房和城乡建设局印发《关于加强设计阶段落实装配式建筑实施要求》强调：土地出让公告注明“受让人须采用装配式建筑的建造方式”但未明确装配式建筑面积比例要求的，受让人应全部采用装配式建筑的建造方式；对达不到装配式建筑设计深度或其装配率计算、装配式建筑预评价不符合装配式建筑评价标准的项目，不得出具施工图审查合格书；建设单位不得擅自要求设计单位降低装配式建筑的比例和技术要求。

2020年3月5日，四川省住房和城乡建设厅发布《2020年全省推进装配式建筑发展工作要点》强调，2020年全省新开工装配式建筑4600万m^2，单体建筑装配率不得低于30%。大力提升装配式建筑发展水平，成都、广安、乐山、眉山、西昌5个试点城市和具备一定条件的市（镇、区）进一步加大推广力度，政府投资保障房、人才公寓、学校医院、办公楼、停车场等工程项目装配率提高到50%以上，其他城市要有突破性发展。同时，积极开展钢结构装配式住宅建设试点。成都、绵阳、宜宾、广安、甘孜、凉山6个试点市（镇、区）要确定钢结构装配式住宅建设示范项目。

2020年3月9日，广西壮族自治区工信厅发布《支持广西新型装配式建筑材料产业发展的若干措施》，计划到2020年，培育6家智能制造企业和数字工厂；到2025年，培育15家智能制造企业和数字工厂，试点城市全面应用装配式建筑。力争用10年左右的时间，使全区装配式建筑占新建建筑的比例达到30%。装配式建筑项目应在土地出让公告中予以明确，并将预制装配率等内容列入土地出让条件。

2020年3月10日，海南省住房和城乡建设厅发布《关于统筹全省装配式建筑部品部件产业基地项目建设审批事项的通知》强调，将临高县金牌港打造为以装配式建筑、绿色建筑、建筑节能、智慧建造、智慧城市等为重点的专业化园区，以统筹海南省装配式建筑的产能布局；对装配式建筑部品部件新增产能项目，原则上应统筹集中布局到金牌港开发区内进行建设。

2020 年 3 月 10 日，合肥市城乡建设局印发《合肥市 2020 年装配式建筑工作要点》，明确 2020 年全市装配式建筑规模达到 1000 万 m^2，装配式建筑占新建建筑的比例达到 20%；重点推进区域、积极推进区域 2020 年新建装配式建筑面积分别不低于 80 万 m^2、50 万 m^2。全市特色小镇、美丽乡村示范区及农村住房连片改造等建设项目采用装配式建筑达到 2000 户以上，各县（市）区原则上应有一处 200 户以上的装配式农房集中示范区；全市新建装配式建筑实施“1+5”建造模式比例达到 50%。

2020 年 4 月 2 日，湖北省住房和城乡建设厅印发《2020 建筑市场监管工作要点》，明确提出 2020 年全省新开工装配式建筑面积 900 万 m^2。要推进装配式建筑发展，推进钢结构装配式现代住宅建设试点，制定完善相关标准，推动建造方式转型。用现代科学技术改造传统建筑业。研究制定《湖北省工程建设领域 BIM 发展“十四五”规划》，完善 BIM 应用制度体系建设。

2020 年 5 月 27 日，海南省人民政府办公厅发布《关于加快推进装配式建筑发展的通知》，计划到 2022 年底，各市县年度商品住宅实施计划项目中，采用装配式方式建造的比例应不低于 80%。鼓励城市桥梁、管道管廊等市政基础设施积极采用装配式部品部件建造。鼓励农村危房改造、社区活动中心室、警务室等适宜标准化、模块化的建设项目采用装配式方式建造。按装配式方式建造的商品房项目，且满足国家装配式建筑认定标准的，可享受不超 3%的容积率奖励。

2020 年 7 月 27 日，河南省住房和城乡建设厅、发展和改革委员会、教育厅、财政厅等 7 部门联合发布《关于印发河南省加快落实大力发展装配式建筑支持政策的意见的通知》，要求大力发展装配式建筑，明确分阶段、分区域、分类型推广装配式建筑，并逐年提高装配式建筑实施比例。其中，政府投资或主导的公益性建筑、保障性住房、旧城改造、棚户区改造和市政基础设施项目应率先采用装配式建造方式；大型公共建筑、工业建筑项目应优先采用装配式建造方式。支持新建商品房积极采用装配式建造方式。鼓励村镇房屋推广装配式建造方式。

2020 年 10 月 19 日，广东省住房和城乡建设厅等 12 部门联合印发《完善质量保障体系提升建筑工程品质实施意见的通知》，要求完善质量保障体系，提升建筑工程品质。明确提出积极开展省级装配式建筑示范城市、产业基地和示范项目创建，推动绿色建筑技术与装配式建筑技术、智能建造深度融合发展。鼓励企业建立装配式建筑部品部件生产和施工安装全过程质量控制体系，推行对装配式建筑部品部件实行驻厂监造制度。

2020 年 12 月 21 日，江西省住房和城乡建设厅等 3 部门联合发布《关于加快推进全省装配式建筑发展的若干意见》，要求进一步培育装配式建筑市场，促进建筑业与工业化、智能化、信息化深度融合。明确到2022年，政府投资房屋建筑和基础设施建设项目符合装配式建造条件的应采用装配式建造方式，装配式建筑新开工面积占新建建筑总面积的比例不低于30%，装配式建筑工程项目装配率达到30%以上。到2025年，装配式建筑新开工面积占新建建筑总面积的比例达到40%。

3. 地方“协同发展”相关政策

2020年3月2日，浙江省住房和城乡建设厅印发《2020年全省建筑工业化工作要点》强调，要实现全年新开工装配式建筑占新建建筑的比例达到30%以上；推进装配式建筑与绿色施工、数字建造深度融合，加大BIM技术的推广应用；推广应用装配式建筑项目管理平台，利用物联网等信息技术，实现全省装配式建筑全过程管理追踪和维护。

2020年3月2日，河南省支持建筑业发展厅际联席会议办公室印发《关于支持建筑业转型发展的十条意见》，破解建筑业发展难题，加快推进河南省建筑业转型发展。其中提到，将装配式建筑产业基地（园区）和项目建设纳入相关规划并优先安排建设用地。对装配式低能耗、超低能耗建筑增加的外墙保温部分，不计入容积率核算的建筑面积，对使用住房公积金贷款购买装配式商品住房的，贷款额度最高可上浮20%。政府投资或主导的采用装配式建造方式建设的项目，增量成本计入建设成本。

2020年3月13日，山西省住房和城乡建设厅印发《关于加快推进山西省建筑业高质量发展的意见》强调，要支持一批具有装配式、绿色建造能力的企业，推动行业转型升级；积极为本地建筑业企业牵线搭桥，与省内、国内具备装配式建造技术的企业、院校合作，引进先进建造理念、技术，完善管理体制，促进建造方式升级换代，发展一批具备装配式建造能力的企业。

2020年3月18日，甘肃省住房和城乡建设厅发布《关于进一步推进装配式建筑工作》强调，政府投资或主导的工程率先带动装配式建筑发展，逐步扩大强制执行装配式建筑范围。政府投资或主导的文化、教育、办公、卫生、体育等公共建筑，以及旧城改造、棚户区改造和城市综合管廊等项目应率先采用装配式建筑。鼓励商品住宅采用装配式建造方式建造。大跨度、大空间、100m以上的超高层建筑、市政桥梁和单体建筑面积超过2万m^2的公共建筑，积极推广应用钢结构装配式。国家装配式建筑产业基地要进一步加快建设进度，完善扩大部品部件生产种类、规模。重点发展梁、板、柱、墙、阳台、楼梯等预制混凝土部件、梁柱重钢结构部件和组合轻钢结构部件。

2020年4月3日，江苏省建筑产业现代化推进工作联席会议办公室印发《全省建筑产业现代化2020年工作要点》，要求确保省政府确定的2020年底全省装配式建筑占新建建筑面积比例达30%按时完成，南京新开工装配式建筑比例达到35%。提出因地制宜地推进适宜的装配式建筑技术在村镇建设中的应用。

2020年4月10日，辽宁省人民政府办公厅发布《关于促进建筑业高质量发展的意见》，提出积极发展装配式建筑，推进绿色建造方式。到2025年底，全省装配式建筑占新建建筑的比例达到35%以上，其中沈阳市达到50%以上，大连市达到40%以上，其他城市达到 30%以上。各地区应在新建民用建筑建设用地规划条件、项目建设条件中明确装配式建筑比例、装配率、评价等级等要求，在施工图审查和竣工验收备案环节予以把关。

2020 年 9 月 9 日，重庆市人民政府办公厅发布《重庆市推进建筑产业现代化促进建筑业高质量发展若干政策措施》，提出完善现代建筑产业链条、提升项目实施水平、推进大数据智能化技术应用、推进技术创新、加强政策支持等 6 方面内容，共 17 条措施。明确扩大装配式建筑实施规模，并以装配式建筑为载体，推动智能建造和智能制造融合。到 2025 年底，重庆全市工程建设项目全面实行数字化建造方式，新开工装配式建筑占新建建筑比例不低于 30%。

2020 年 11 月 24 日，内蒙古自治区住房和城乡建设厅发布《关于推动智能建造与建筑工业化协同发展的实施方案（征求意见稿）》，提出提升建筑工业化建造水平，以装配式建筑为建筑工业化切入点，政府投资项目原则上采用装配式建造方式。明确提出推广应用装配式建筑构件生产的自动化和智能化，推动建立以标准部品为基础的专业化、规模化、信息化生产体系。

4. 地方“三板”相关政策

在新建建筑中全面推广应用“三板”，对于减少手工作业、减少湿作业、减少现场作业，提高工程质量、提高施工效率等具有显著作用。

2017 年 2 月 14 日，江苏省住房和城乡建设厅、江苏省发展和改革委员会、江苏省经济和信息化委员会、江苏省环境保护厅、江苏省质量技术监督局联合印发了《关于在新建建筑中加快推广应用预制内外墙板预制楼梯板预制楼板的通知》（以下简称《通知》），成为全国第一个针对“三板”出台推广应用政策的省份。《通知》要求，对于混凝土结构建筑，应采用内隔墙板、预制楼梯板、预制叠合楼板，鼓励采用预制外墙板；对于钢结构建筑，应采用内隔墙板、预制外墙板；外墙优先采用预制夹芯保温墙板等自保温墙板；单体建筑中强制应用的“三板”总比例不得低于 60%。鼓励住宅工程在满足上述要求的基础上，积极采用预制阳台、预制遮阳板、预制空调板等预制部品（构件），提高单体建筑的预制装配率。

2020 年 1 月 8 日，福建省住房和城乡建设厅印发《落实建筑业重点工作的通知》，强调大力推广预制内外墙板、楼梯板、楼板“三板”，积极在市政道路工程推广预制路缘石、预制检查井等构件，在城市桥梁、大型公共建筑、农村住宅推广钢结构，鼓励框架结构工程项目稳步推广预制竖向受力构件。

2020 年 8 月 21 日，广西壮族自治区住房和城乡建设厅等 5 部门联合印发《关于在自治区装配式建筑试点城市新建建筑中推广应用预制楼梯板、预制楼板和预制内外墙板的通知》，规定在南宁、柳州、玉林、贺州 4 个装配式建筑试点城市中，自 2020 年 10 月 1 日起取得土地使用权且属于实施范围内的新建项目，应全面推广应用预制楼梯板、预制楼板和预制内墙板，鼓励使用预制外墙板。实施范围包括：试点城市中心城区及与其紧密相连的集中建设区域范围内新建保障性住房、商品住宅、宿舍（公寓）建筑以及单体建筑面积2万m^2以上的新建医院、宾馆、办公建筑，单体建筑面积5000m^2以上的新建学校建筑。

2020年9月22日，武汉市城乡建设局发布《关于进一步加强民用建筑工程外墙保温系统应用管理的通知》，提出大力推广安全可靠的外墙保温系统，要求整体剪力墙结构应优先选用内置保温现浇混凝土复合剪力墙系统，装配式混凝土建筑应优先选用预制混凝土夹芯保温外墙板，严格落实外墙保温工程质量责任，加强外墙保温工程监督管理。

5. 产业培训相关政策

1）培训目标（表1-4）

2020年部分省、自治区、直辖市关于建筑产业培训目标的政策清单　　表1-4

序号	省、自治区、直辖市	地方产业培训目标	发文机构	发文时间
1	江苏	在全省范围内开展试点工作，实施一批有利于建筑产业工人队伍发展壮大的试点项目，鼓励在装配式建筑构件生产企业、古建筑企业、装饰装修企业、建筑安装企业、钢结构企业中选择试点。全省范围内重点培育1～2个“互联网＋人力资源”服务平台，1～2个建筑人力资源产业园，若干个省级产教融合型企业。到2022年底，全省试点企业形成有利于建筑产业工人队伍培育和发展的劳动用工制度，稳定就业人员比例较大幅度提升。建筑产业工人教育培训和技能评价体系逐步完善，试点企业建筑工人职业素质普遍提升。建筑工人劳动环境有较大改善，职业认同感、安全感、获得感普遍提升。形成一批可借鉴、可复制、可推广的范例和较通畅的职业化发展路径。	江苏省住房和城乡建设厅	2020/5/12
2	四川	要围绕建筑业高质量发展总体目标，以大力发展建筑工业化为载体，以数字化、智能化升级为动力，形成涵盖科研、设计、生产加工、施工装配、运营等全产业链融合一体的智能建造产业体系。到2025年，全省智能建造与建筑工业化协同发展的政策体系和产业体系基本建立，建筑产业互联网平台初步建立，推动形成一批智能建造龙头企业，打造“中国建造”升级版。	四川省住房和城乡建设委员会	2020/8/18
3	广西	通过试点，加强政策指导，着力构建一个涵盖建筑工人队伍培育、职业技能培训评价、工人权益保障的综合型管理体系，推动建筑进城务工人员向建筑产业工人转型，探索改革建筑用工机制、健全建筑工人技能培训与评价机制，完善建筑工人权益保障机制和建立建筑工人队伍评价制度，不断提升建筑工人队伍的技能水平，培育一支有理想守信念、懂技术会创新、敢担当讲奉献的建筑产业工人队伍	广西壮族自治区住房和城乡建设委员会	2020/9/15

2）支持措施

举办装配式建筑大赛。

（1）全国大赛

2020年全国行业职业技能竞赛——“中国建设杯”第三届全国装配式建筑职业技能竞赛于2020年11月24日在河北举行，本次竞赛项目包括：生产环节模具组装、预制构件套筒灌浆和预制构件外墙封缝打胶。生产环节模具组装考核项目包括：操作安全、模具检查、模具组装、预埋件安装、钢筋安装及团队配合等；预制构件套筒灌浆考核项目包括：分仓封缝、灌浆料制备、平行试验、灌浆连接、工完料清等；预制构件外墙封缝打胶考核项目包括：劳保用品穿戴、标准规范操作、确认接缝状态、打胶材料检查、工器具检查、拌制胶料、基层清理、填充PE泡沫棒、粘贴美纹纸、涂刷底涂、拌制打胶料、蝴蝶试验、打胶压胶刮胶、撕除美纹纸、打胶质量检查等。

（2）上海市

2019年9月，上海市工程建设质量管理协会组织开展首届“三一杯”全国装配式建筑职业技能竞赛——“上海赛区‘工匠杯’暨上海城建物资装配式预制构件制作技能大赛”活动。主要以加快建设行业装配式建筑人才队伍建设为目标，积极推进职业技能竞赛，提高技能人才培养质量，弘扬工匠精神、崇尚技能的良好社会氛围。

（3）江苏省

2020年11月7日“工润杯”第二届江苏省装配式建筑职业技能竞赛在徐州市举行。本次竞赛分为混凝土构件制作、混凝土构件装配和混凝土构件灌浆三项内容。

（4）山东省

2020年11月初，为弘扬工匠精神，培养知识型、技能型、创新型装配式建筑人才队伍，提升山东省装配式建筑发展水平，促进建筑产业新旧动能转换与转型升级，在山东省住房和城乡建设厅的指导下，由山东省建设科技与教育协会、山东省建设工会主办，中建科技（济南）有限公司、山东城市建设职业学院承办，山东省装配式产业技术创新联盟、山东平安建设集团有限公司、荣华建设集团有限公司、山东大行家信息科技有限公司、济南信展展览有限公司共同协办的2020年“中建科技（济南）杯”山东省装配式建筑职业技能竞赛（职工组）暨第三届“中国建设杯”全国装配式建筑职业技能竞赛（职工组）选拔赛在济南举行。

3）考评体系

（1）江苏省

发布四个专项能力。

一是完善产业支持政策。与江苏省发展改革委员会等部门密切配合，进一步抓好《江苏省“十三五”建筑产业现代化发展规划》的落地落实。进一步发挥江苏省联席会议及其办公室的职能作用，协调相关部门全面落实“重保优供、分级保障”的要求，优先、精准保障省重大产业项目中的建筑产业现代化项目。督促各地严格执行在容积率奖励、提前预售等方面的激励政策。

二是科学引导企业发展。持续对“三板”需求和产能进行跟踪、分析，指导各地优化产能布局，避免出现一哄而上、产能过剩的现象。以产业聚集区为载体，构建分工合理、特色突出、优势互补的产业发展格局，推动装配式建筑研发设计、构件部品生产、装备制造、绿色建材、运输物流等全产业链融合发展，打造一批以优势企业为核心、贯通上下游产业链条的产业集群。继续开展建筑产业现代化示范基地、示范园区创建活动，对列入年度省级重大项目推进计划的相关园区，加强政策和资金支持。

三是推动激励措施落地。江苏省联席会议及其办公室加强统筹谋划，协调各成员单位细化完善激励政策，确保落地见效。积极推进“以税控尘”，有效削减扬尘治理较好的装配式建筑施工工地环境保护税。学习兄弟省份的经验做法，对建筑产业现代化领域的企业申报高新技术企业加大支持力度。通过提供多种融资方案、引导社会资本投向等加大对建筑产业现代化发展的支持力度；利用省综合金融服务平台，为全省建筑产业现代化优质诚信企业和各类金融机构搭建网上对接渠道，提供高效、便捷的金融服务。落实差别化信贷政策，对于购买装配式商品住房和成品住房的，按规定予以支持。加大政策宣传力度，提高宣传的针对性，帮助建筑产业现代化领域企业充分利用现有的各种税收优惠政策。

四是大力培养专业人才。完成装配式建筑系列教材编制工作。推动建立高校、职业院校、企业、培训基地多方参与的人才实训体系。充分发挥协会、产业联盟等社会团体的作用，为相关企业的技术人员、产业工人提供多样化、规模化、低收费的培训机会。联合江苏省人社厅建立装配式建筑的预制构件生产、装配化施工、质量检测、BIM应用四个专项能力证书考核制度，编制培训考核标准，逐步形成多层次、广覆盖的装配式建筑产业工人职业培训和考核体系，探索实行关键岗位持证上岗。积极开展装配式建筑职业技能竞赛，提升产业工人的职业技能。

（2）吉林省

为加快发展建筑支柱产业，强化建筑业技术工人职业技能考核工作，加强考评人员队伍建设，规范考评人员行为，吉林省住房与城乡建设厅于2020年3月制定《2020年度吉林省建筑业技术工人职业技能考评管理办法》。

考评员应具有中级及以上专业技术职称，熟悉本职业专业知识和操作技能，具有3年以上的施工现场管理工作经验及项目经理、施工员、质量员等岗位工作经历；

高级考评员应具有高级专业技术职称，熟悉本职业专业知识和操作技能，具有5年以上的施工现场管理工作经验及项目经理、施工员、质量员等岗位工作经历；通过考评员或高级考评员培训且考核合格；热爱职业技能考评工作，遵守职业技能考评员工作守则和有关规章制度。

考核的主要内容包括：职业技能考评的政策、制度、法规和基本理论；考评员职业道德和考评员守则；职业标准、考评程序；各建设类职业（工种）的技术规范、考评的要素、内容和评分标准。

1.3 装配式建筑评价标准

1.3.1 各地装配式建筑标准实施情况

2017年住房和城乡建设部发布了《装配式建筑评价标准》GB/T 51129—2017，为各地装配式建筑评价提供了依据。随后部分省、自治区、直辖市也根据各地的实际情况，陆续发布了地方评价标准。目前，共有9个省、自治区、直辖市按照国家标准进行装配式建筑评价，见表1-5，其他地区都针对各自情况，制定了符合本地区情况的评价标准。

各地装配式建筑评价标准实施情况　　表1-5

按照国家标准进行装配式建筑评价的地区				
序号	省、自治区、直辖市	参照标准	标准编号	发布年份
1	天津	装配式建筑评价标准	GB/T 51129—2017	2017
2	内蒙古			
3	广西			
4	辽宁			
5	吉林			
6	湖北			
7	西藏			
8	甘肃			
9	青海			
参照地方性装配式建筑评价标准的地区				
序号	省、自治区、直辖市	参照标准	标准编号	发布年份
1	北京	装配式建筑评价标准	DB11/T 1831—2021	2021
2	安徽	装配式建筑评价技术规范	DB34/T 3830—2021	2021
3	重庆	重庆市装配式建筑装配率计算细则(2021版)	渝建科〔2021〕4号	2021
4	江苏	江苏省装配式建筑综合评定标准	DB32/T 3753—2020	2020
5	福建	福建省装配式建筑装配率计算细则	—	2020
6	江西	装配式建筑评价标准	DBJ/T 36—064—2021	2021
7	四川	四川省装配式建筑装配率计算细则	川建建发〔2020〕275号	2020
8	陕西	装配式建筑评价标准	DBJ 61/T 168—2020	2020
9	贵州	贵州省装配式建筑评价标准	DBJ 52/T 100—2020	2020

续表

参照地方性装配式建筑评价标准的地区				
序号	省、自治区、直辖市	参照标准	标准编号	发布年份
10	宁夏	宁夏装配式建筑装配率计算细则(试行)	宁建(科)发〔2020〕9号	2020
11	上海	装配式建筑评价标准	DG/TJ 08—2198—2019	2019
		上海市装配式建筑单体预制率和装配率计算细则	沪建建材〔2019〕765号	2019
12	新疆	装配式建筑评价标准	XJJ 116—2019	2019
13	河北	装配式建筑评价标准	DB13(J)/T 8321—2019	2019
14	山西	装配式建筑评价标准	DBJ04/T 396—2019	2019
15	黑龙江	黑龙江省装配式建筑装配率计算细则(试行)	—	2019
16	浙江	装配式建筑评价标准	DB33/T 1165—2019	2019
17	河南	河南省装配式建筑评价标准	DBJ41/T 222—2019	2019
18	广东	装配式建筑评价标准	DBJ/T 15—163—2019	2019
19	山东	装配式建筑评价标准	DB37/T 5127—2018	2018
20	湖南	湖南省绿色装配式建筑评价标准	DBJ 43/T 332—2018	2018
21	海南	海南省装配式建筑装配率计算规则	琼建科〔2018〕70号	2018
22	云南	云南省装配式建筑评价标准	DBJ53/T—96—2018	2018

1.3.2 各地装配式建筑装配率计算规则整理

对各省、自治区、直辖市的装配率计算规则进行整理，主要分为以下几种：

1. 参照国家标准的计算规则

天津、内蒙古、广西、辽宁、吉林、湖北、西藏、甘肃、青海9省、自治区、直辖市未根据当地情况自定地标，装配率的计算规则参照国家标准，国家标准中的计算规则按式（1-1）计算。

$$P=\frac{Q_1+Q_2+Q_3}{100-Q_4}\times 100\% \tag{1-1}$$

式中：Q_1——主体结构得分值（需要≥20分）；

Q_2——围护墙和内隔墙得分值（需要≥10分）；

Q_3——装修和设备管线实际评分值；

Q_4——项目中缺少的评价项分值总和。

2. 参照国家标准进行微调的计算规则

山西、浙江两省参照国家标准进行了微调。两省的计算规则（见表1-6）和国家标准一样，都是以主体结构指标实际得分值、围护墙和内隔墙指标实际得分值、装修和设备管线指标实际得分值为基础进行计算，只是在评价项得分方面略有区别。

参照国家标准进行微调的计算规则　　表 1-6

省份	指标名称	计算规则
浙江	装配率	$P=\frac{Q_1+Q_2+Q_3}{100-Q_4}\times 100\%$ 式中：Q_1——主体结构得分值（≥20）； Q_2——围护墙和内隔墙得分值（≥10）； Q_3——装修和设备管线实际评分值； Q_4——项目中缺少的评价项分值总和
山西		

3. 参照国家标准进行微调并新增加分项得分

为鼓励装配式建筑进行新技术、标准化应用、新管理模式等方面的应用创新，一些省、自治区、直辖市在参考国家标准计算规则的基础上，结合本省、自治区、直辖市的装配式建筑发展水平，在评价项得分方面进行微调的基础上，新增了加分项得分，具体计算规则见表 1-7。

参照国家标准进行微调并新增加分项的计算规则　　表 1-7

省、自治区、直辖市	指标名称	计算规则
北京	装配率	$P=\left(\frac{Q_1+Q_2+Q_3}{100-Q_4}\times 100\%\right)+\left(\frac{Q_5}{100}\right)\times 100\%$ 式中：Q_1——主体结构指标实际得分值； Q_2——围护墙和内隔墙指标实际得分值； Q_3——装修和设备管线指标实际得分值； Q_4——建筑功能中缺少的评价项分值总和； Q_5——加分项得分值
广东	装配率	$P=\left(\frac{Q_1+Q_2+Q_3+Q_5}{100-Q_4}\times 100\%\right)+\left(\frac{Q_6}{100}\right)\times 100\%$ 式中：Q_1——主体结构指标实际得分值； Q_2——围护墙和内隔墙指标实际得分值； Q_3——装修和设备管线指标实际得分值； Q_4——评价项目中缺少的评价项分值总和，不含 Q_5； Q_5——细化项实际得分值； Q_6——鼓励项实际得分值
河北	装配率	$P=\left(\frac{Q_1+Q_2+Q_3}{100-Q_4}+\frac{q}{100}\right)\times 100\%$ 式中：Q_1——主体结构指标实际评分值（≥20）； Q_2——围护墙和内隔墙实际评分值（≥10）； Q_3——装修和设备管线实际评分值； Q_4——评价项目中缺少的评价项分值总和； q——预制构件标准化加分项得分值

续表

省、自治区、直辖市	指标名称	计算规则
云南	装配率	$$P=\left(\frac{Q_1+Q_2+Q_3}{100-Q_4}\times 100\%\right)+\left(\frac{Q_j}{100}\right)\times 100\%$$ 式中：Q_1——主体结构系统指标实际得分值； Q_2——围护墙和内隔墙指标实际得分值； Q_3——装修和设备管线指标实际得分值； Q_4——评价项目中缺少的评价项分值总和； Q_j——加分项
山东	装配率	$$P=\frac{Q_1+Q_2+Q_3+Q_4+Q_5}{100-Q'}\times 100\%$$ 式中：Q_1——主体结构指标实际得分值（≥20）； Q_2——围护墙和内隔墙指标实际得分值（≥10）； Q_3——装修和设备管线指标实际得分值； Q_4——标准化设计指标实际得分值； Q_5——信息化技术指标实际得分值； Q'——评价项目中建筑功能缺少的评价项分值总和，Q_4、Q_5 评价项不包含在内
新疆	装配率	$$P=\left(\frac{Q_1+Q_2+Q_3}{100-Q_4}\times 100\%\right)+\left(\frac{Q_5}{100}\right)\times 100\%$$ 式中：Q_1——主体结构系统指标实际得分值（≥20）； Q_2——围护墙和内隔墙指标实际得分值（≥10）； Q_3——装修和设备管线指标实际得分值； Q_4——评价项目中缺少的评价项分值总和； Q_5——加分项
河南	装配率	$$P=\left(\frac{Q_1+Q_2+Q_3}{100-Q_4}\times 100\%\right)+\left(\frac{T}{100}\right)\times 100\%$$ 式中：Q_1——主体结构指标实际得分值； Q_2——围护墙和内隔墙指标实际得分值； Q_3——装修和设备管线指标实际得分值； Q_4——评价项目中建筑功能缺少的评价项分值总和，加分项不包括在内； T——加分项加分值
湖南	装配率	$$P=\frac{Q_1+Q_2+Q_3+Q_4+Q_5}{100-Q_6}\times 100\%$$ 式中：Q_1——主体结构指标得分值； Q_2——围护墙和内隔墙指标得分值； Q_3——装修和设备管线指标得分值； Q_4——绿色建筑指标实际得分值； Q_5——加分项指标实际得分值； Q_6——评价项目中缺少的评价项分值总和

续表

省、自治区、直辖市	指标名称	计算规则
海南	装配率	$$P=\frac{Q_1+Q_2+Q_3+Q_t}{100-Q_4}\times 100\%$$ 式中：Q_1——主体结构指标得分值； Q_2——围护墙和内隔墙指标得分值； Q_3——装修和设备管线指标得分值； Q_4——评价项目中缺少的评价项分值总和； Q_t——其他项的分值
贵州	装配率	$$P=\left(\frac{Q_1+Q_2+Q_3}{100-Q_4}+\frac{Q_5}{100}\right)\times 100\%$$ 式中：Q_1——主体结构指标实际得分值； Q_2——围护墙和内隔墙指标实际得分值； Q_3——装修和设备管线指标实际得分值； Q_4——评价项目中缺少的评价项分值总和； Q_5——加分项得分值
安徽	装配率	$$P=\left(\frac{Q_1+Q_2+Q_3}{100-Q_4}\times 100\%\right)+\left(\frac{Q_5}{100}\right)\times 100\%$$ 式中：Q_1——主体结构指标实际得分值； Q_2——围护墙和内隔墙指标实际得分值； Q_3——装修和设备管线指标实际得分值； Q_4——Q_1、Q_2、Q_3 中缺少的评价项分值总和； Q_5——鼓励项实际得分值
福建	装配率	$$P=\frac{Q_1+Q_2+Q_3+Q_4}{100}\times 100\%$$ 式中：Q_1——主体结构指标实际得分值； Q_2——围护墙和内隔墙指标实际得分值； Q_3——装修和设备管线指标实际得分值； Q_4——技术创新指标实际得分值（$\geqslant 5$）
江西	装配率	$$P=\left(\frac{Q_1+Q_2+Q_3}{100-Q_5}+\frac{Q_4}{100}\right)\times 100\%$$ 式中：Q_1——主体结构指标实际得分值； Q_2——围护墙和内隔墙指标实际得分值； Q_3——装修和设备管线指标实际得分值； Q_4——加分项指标实际得分值； Q_5——Q_1、Q_2、Q_3 中缺少的评价项分值总和

续表

省、自治区、直辖市	指标名称	计算规则
黑龙江	装配率	$P=\left(\frac{Q_1+Q_2+Q_3}{100-Q_5}+\frac{Q_4}{100}\right)\times 100\%$ 式中：Q_1——主体结构指标实际得分值； Q_2——围护墙和内隔墙指标实际得分值； Q_3——装修和设备管线指标实际得分值； Q_4——加分项指标实际得分值； Q_5——Q_1、Q_2、Q_3 中缺少的评价项分值总和
陕西	装配率	$P=\left(\frac{Q_1+Q_2+Q_3}{100-Q_5}+\frac{Q_4}{100}\right)\times 100\%$ 式中：Q_1——主体结构指标实际得分值； Q_2——围护墙和内隔墙指标实际得分值； Q_3——装修和设备管线指标实际得分值； Q_4——加分项指标实际得分值 Q_5——评价项目缺少的评价项分值总和
宁夏	装配率	$P=\left(\frac{Q_1+Q_2+Q_3}{100-Q_5}+\frac{Q_4}{100}\right)\times 100\%$ 式中：Q_1——主体结构指标实际得分值； Q_2——围护墙和内隔墙指标实际得分值； Q_3——装修和设备管线指标实际得分值； Q_4——加分项指标实际得分值 Q_5——评价项目缺少的评价项分值总和
四川	装配率	$P=\frac{Q_1+Q_2+Q_3+Q_4+Q_5}{100}\times 100\%$ 式中：P——单体建筑装配率； Q_1——标准化指标实际得分值； Q_2——主体结构系统指标实际得分值； Q_3——外围护系统指标实际得分值； Q_4——内装系统指标实际得分值； Q_5——管线系统指标实际得分值
重庆	装配率	$P=\frac{Q_1+Q_2+Q_3+Q_4}{100-Q_5}\times 100\%$ 式中：Q_1——主体结构指标实际得分值（≥20）； Q_2——围护墙和内隔墙实际得分值（≥10）； Q_3——装修和设备管线实际得分值； Q_4——信息化应用指标实际得分值； Q_5——评价项目中缺少的评价项分值总和

4. 在国家标准之上进行大调的装配率计算规则

有一些省、自治区、直辖市的计算规则在国家标准的计算规则之上进行了大调，见表1-8。

在国家标准之上进行大调的装配率计算规则　　表 1-8

<table>
<tr><th>省、自治区、直辖市</th><th>指标名称</th><th>计算规则</th></tr>
<tr><td rowspan="2">上海</td><td>预制率</td><td>体积占比法：
$$预制率=\frac{\sum 预制构件体积\times 构件修正系数}{构件总体积}\times 100\%$$
权重系数法：预制率 = 权重系数 × ∑(构件修正系数 × 预制构件比例)</td></tr>
<tr><td>装配率</td><td>装配率 = 预制率 + 内装权重系数 × ∑[内装部品(技术)修正技术 × 内装部品(技术)比例]</td></tr>
<tr><td>江苏</td><td>装配率</td><td>$$Z=a_1Z_1+a_2Z_2+a_3Z_3$$
式中：a_1——主体结构预制装配率计算权重系数；
a_2——装配式外围护和内隔墙构件的预制装配率计算权重系数；
a_3——装修和设备管线的预制装配率计算权重系数。
Z_1——主体结构预制构件的应用占比；
Z_2——装配式外围护和内隔墙构件的应用占比；
Z_3——装修和设备管线的应用占比</td></tr>
</table>

1.3.3 各地装配率计算规则分析

1. 国家标准中的装配率计算规则分析

以国家标准为例，装配率以主体结构得分值、围护墙和内隔墙得分值、装修和设备管线实际评分值为基础进行计算。具体的评价项得分见表 1-9：

装配式建筑评分表　　表 1-9

<table>
<tr><th colspan="2">评价项</th><th>评价要求</th><th>评价分值</th><th>最低分值</th></tr>
<tr><td rowspan="2">主体结构（50 分）</td><td>柱、支撑、承重墙、延性墙板等竖向构件</td><td>35%≤比例≤80%</td><td>20～30</td><td rowspan="2">20</td></tr>
<tr><td>梁、板、楼梯、阳台、空调板等构件</td><td>75%≤比例≤80%</td><td>10～20</td></tr>
<tr><td rowspan="4">围护墙和内隔墙（20 分）</td><td>非承重围护墙非砌筑</td><td>比例≥80%</td><td>5</td><td rowspan="4">10</td></tr>
<tr><td>围护墙与保温、隔热、装饰一体化</td><td>50%≤比例≤80%</td><td>2～5</td></tr>
<tr><td>内隔墙非砌筑</td><td>比例≥50%</td><td>5</td></tr>
<tr><td>内隔墙与管线、装修一体化</td><td>50%≤比例≤80%</td><td>2～5</td></tr>
<tr><td rowspan="5">装修和设备管线（30 分）</td><td>全装修</td><td>—</td><td>6</td><td rowspan="5">—</td></tr>
<tr><td>干式工法楼面、地面</td><td>比例≥70%</td><td>6</td></tr>
<tr><td>集成厨房</td><td>70%≤比例≤90%</td><td>3～6</td></tr>
<tr><td>集成卫生间</td><td>70%≤比例≤90%</td><td>3～6</td></tr>
<tr><td>管线分离</td><td>50%≤比例≤70%</td><td>4～6</td></tr>
</table>

国家标准中，主体结构竖向构件的应用比例按照体积计算，水平构件的应用比例按照水平投影面积计算。例如，竖向构件的应用比例按式（1-2）计算：

$$q_{1a}=\frac{V_{1a}}{V}\times 100\% \tag{1-2}$$

式中：q_{1a}——柱、支撑、承重墙、延性墙板等竖向构件中预制部品部件的使用比例；

V_{1a}——柱、支撑、承重墙、延性墙板等竖向构件中预制混凝土体积之和（m^3）；

V——柱、支撑、承重墙、延性墙板等主体结构竖向构件混凝土总体积（m^3）。

同时，对主体结构竖向构件应用比例计算时，剪力墙板之间的宽度不大于600mm的竖向现浇带和高度不大于300mm的水平后浇带、圈梁的后浇混凝土体积，框梁和框柱的柱梁节点区后浇混凝土体积，预制柱间高度不大于最小截面尺寸的后浇混凝土体积可计入预制部分，这也体现了当前装配式建筑等同现浇的理念。

围护墙和内隔墙的应用比例，都按照预制围护墙和内隔墙的墙外表面总面积与对应的墙外表面总面积之比进行计算，计算时可不扣除门、窗及预留洞口的面积。围护墙和内隔墙相应的一体化的应用比例，都按照一体化的墙面面积与对应的墙面面积之比进行计算，可不扣除门、窗及预留洞口的面积。

干式工法楼面、地面、集成厨房、集成卫生间的应用比例按照面积之比进行计算，而管线分离应用比例按照长度面积之比进行计算。

国家标准中要求装配式建筑装配率至少到达50%，同时主体结构部分评分值不低于20分，围护墙和内隔墙部分评分值不低于10分。由于国家标准中的评分细化项未考虑到装配式建筑发展过渡时期所应用的一些技术，如高精度模板、成型钢筋等项目的得分，以及一些加分项等，因此按照此标准进行装配率评价时，实际上对建筑预制装配化的要求较高。

2. 参照国家标准进行微调的计算规则分析

浙江、江西两地的装配率计算规则在国家标准基础之上进行了微调，主要是结合当地建造技术的应用情况，将评价标准做了更精准的定位和评分。以浙江省标为例，和国家标准相比，细分的得分项对比主要见表1-10。相对于国家标准，地方标准的细化项更多，企业在采用装配式建筑时，更容易达到装配率，对装配式建筑的推广起到很好的作用。

参照国家标准进行微调的计算规则 **表1-10**

国家标准和浙江地方标准中“围护墙和内隔墙”得分区别				
评分大类	国家标准评分项	国家标准要求	浙江地方标准评分项	浙江地方标准要求
围护墙和内隔墙	围护墙与保温、隔热、装饰一体化	50%≤比例≤80%（2～5分）	墙体与保温隔热、装饰一体化	50%≤比例≤80%（2～5分）
			采用保温隔热与装饰一体化板	比例≥80%（3.5分）
			采用墙体与保温隔热一体化	50%≤比例≤80%（1.2～3分）
	内隔墙与管线、装修一体化	50%≤比例≤80%（2～5分）	采用墙体与管线、装修一体化	50%≤比例≤80%（2～5分）
			采用墙体与管线一体化	50%≤比例≤80%（1.2～3分）

注：表中的加黑项为地方标准中相比国家标准增加的细化项。

3. 参照国家标准进行微调并增加了加分项的计算规则分析

北京、广东、河南等省、自治区、直辖市在国家标准计算规则的基础上进行了微调，除了针对本省、自治区、直辖市的发展水平增加了细化项外，还设置了加分项，主要加分项见表1-11。企业采用加分项后，可以提升装配率水平，对鼓励新技术的推广应用有着积极作用。

参照国家标准进行微调并增加了加分项的计算规则　　表1-11

省、自治区、直辖市	加分项
北京	信息化技术应用、绿色建筑等级
贵州	BIM技术应用、EPC总承包、工业化施工技术、绿色建筑、标准化设计、磷石膏非砌筑内隔墙
河北	预制构件标准化
云南	BIM应用、采用装配式减隔震技术、省级示范工程、具有地域民族特色的装配式建筑、通用部品部件、自爬升脚手架
新疆	新技术应用、新材料应用、信息化(BIM)技术
山东	标准化设计、信息化技术
河南	BIM技术、承包模式、技术创新、超低能耗、绿色施工
湖南	BIM技术应用、采用EPC模式
海南	标准化设计、结构与隔热遮阳一体化、墙体与窗框一体化、集成式楼板、组合成型钢筋制品、市政先行
广东	标准化设计鼓励项、绿色与信息化应用鼓励项、施工与管理鼓励项
安徽	绿色建筑与绿色建材应用、高精度模板或免拆模板、标准化设计、BIM与信息化管理、工程综合承包模式
福建	BIM技术应用、可追溯管理系统、项目组织方式、绿色建筑、标准化外窗应用、装配式混凝土路面、路缘石、围墙、检查井
江西	标准化设计、绿色与信息技术应用、施工与管理、创新技术应用
黑龙江	关键岗位作业人员专业化、工程承包方式、应用BIM技术、省级及以上装配式建筑示范工程、绿色建筑、低能耗建筑
陕西	标准化设计、绿色与信息化技术、施工管理
宁夏	应用BIM技术、绿色建筑评价、应用高精度模板施工工艺、应用建筑减隔震消能技术、应用太阳能、空气能等可再生能源利用技术
四川	标准化指标
重庆	信息化应用指标

4. 在国家标准基础上进行大调的计算规则分析

1）以上海市为代表的双轨并行计算规则

在进行装配式建筑评定时，只需二者之一满足要求即可。此计算规则可以让建设单位或设计单位有更多的技术选择，可以对不同类型建筑选择不同的指标。国家标准和上海市标准的区别主要体现在：

（1）对于不同结构体系的装配式建筑，上海市标准涵盖了多种结构类型形式，特别是装配式混凝土建筑，而国家标准没有进行区分。

（2）上海市标准对构件类型进行了详细划分，不同构件类型权重系数不一样，而国家标准中只进行了横向和竖向区分。

（3）上海市标准对计算界限的划分比国家标准更加明确。

（4）在算法上，上海市标准可按照体积占比法或权重系数法进行预制率计算，在预制率基础上加上内装技术的应用比例。

2）江苏省计算规则

江苏省提出了“预制装配率”的概念。计算规则是以主体结构、装配式外围护和内隔墙构件、装修和设备管线应用实际占比为基础，并赋予各部分计算权重系数。和国家标准相比，区别主要在于：

（1）江苏省对不同结构类型的装配式建筑进行了详细的划分，不同类型结构的装配式建筑 Z_1（主体结构预制构件的应用占比）、Z_2（装配式外围护和内隔墙构件的应用占比）、Z_3（装修和设备管线的应用占比）的权重系数不一样。

（2）江苏省算法更简便，没有过多的分项。在计算预制装配率时，主体结构竖向部分全部按照体积计算，水平构件按照面积计算，各部分的应用比例需考虑系数，同时进行预制装配率计算时也无需考虑一体化装修。

1.3.4 总结

1. 国家标准总体上对装配式技术提出更高要求

从总体上来看，国家标准对装配式技术的应用提出了更高的要求。主要体现在两方面：

（1）地方标准中的细化项更明确

对比国家标准，地方标准中装配率的计算更加灵活，在一定程度上有利于装配式建筑的发展。

比如，关于围护墙一体化得分项，国家标准中只设置了围护墙与保温、隔热、装饰一体化的得分项。而各地实际应用中，还会存在围护墙采用保温装饰一体化板、围护墙采用墙体与保温隔热一体化的情况，国家标准中对这两种情况的得分尚不明确。一些地区针对此种情况明确了得分细化项，可以根据装配式建造实际情况灵活调整装配率。上述情况在国家标准和地方标准比较结果中还很多，在实际装配式建筑建造过程中，可根据各地方标准，对装配式建造应用项进行灵活调整，推动装配式建筑的落地。

（2）地方标准中的评分标准相对较低

一些地区在制定评价标准时，适当降低了一些评分标准，比如关于剪力墙间连接部分的后浇混凝土计入预制混凝土体积部分，国家标准中规定：宽度不大于 600mm 的竖向现浇段和高度不大于 300mm 的水平后浇带、圈梁的后浇混凝土体积可计入预制体积。而一些地方标准中增加了后浇部分可计入预制体积的范围，如广东省规定：预制剪力墙转角或端部边缘构件长度不大于 400mm（不含墙厚）的后浇混凝土体积，浙江省规定：预制墙板两端的端柱或边长不大于 600mm 的暗柱后浇混凝土体积。这些规定实际上降低了装配率的评价标准，可以鼓励装配式建筑的发展。

2. 合理的加分项计算规则可以鼓励新技术的应用

一些地方标准中设置的加分项主要体现了装配式建筑的鼓励发展方向：信息化技术的应用、标准化设计技术、EPC 总承包模式、新材料的应用。在装配式建筑建造过程中，企业也会适当采用新技术，以提高装配率。

3. 发达地区的计算规则注重主体结构预制率

以上海市、江苏省两地标准为代表的计算规则对不同构件设置了权重系数。这在一定程度上可以保证主体结构构件的预制率，可以避免为了追求装配率、增加水平构件而减少竖向构件的使用。这种计算方式可以对提升主体结构竖向构件预制率起到提升作用。建议今后各地的标准往这种形式发展，对不同结构体系计算规则进行详细区分，对不同构件类型设置计算权重。

2 建筑工业化技术进展

2.1 新公开专利

在2020年内，包含“钢结构装配式建筑”的全部公开发明专利总计399项；包含“装配式混凝土建筑”的全部公开发明专利总计1154项；与“木结构装配式”相关的全部公开发明专利总计42项，与“装配式桥梁”相关的全部公开发明专利总计364项，与“智能建造”相关的全部公开发明专利总计63项，如图2-1所示。

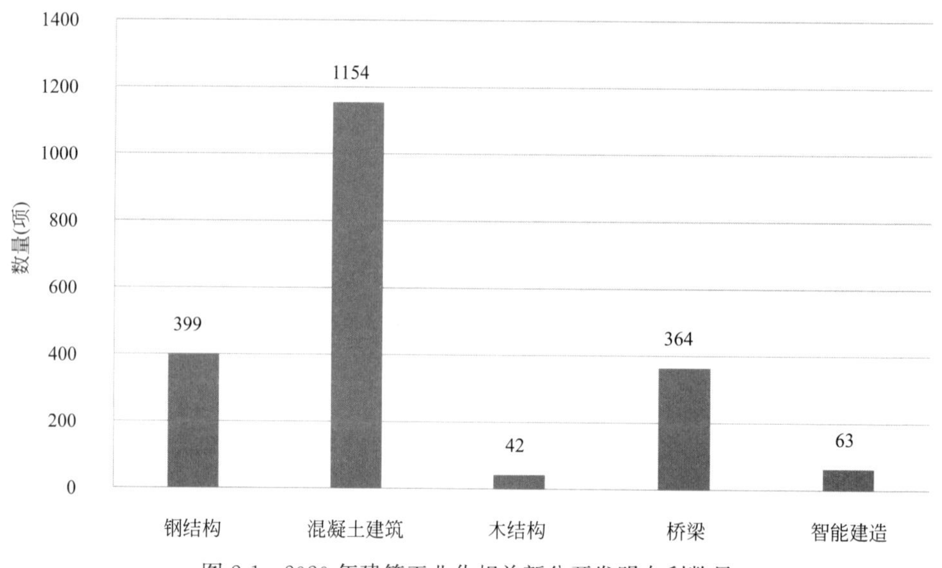

图2-1　2020年建筑工业化相关新公开发明专利数量

2.1.1 钢结构装配式建筑

在中国知网专利搜索库高级检索中以“主题：预制＋装配”AND“主题：钢结构”AND“主分类号：E04”为搜索条件，结果如图2-2所示。2016—2020年公开发明专利数量呈稳定上升趋势。2020年公开的与“钢结构装配式建筑”相关的全部发明专利总计399项。

分别以：①“主题：预制＋装配”AND“主题：钢结构”AND“主题：集成”

AND“主分类号：E04”；②“主题：预制 + 装配”AND“主题：钢结构”AND“主题：模块”AND“主分类号：E04”；③“主题：预制 + 装配”AND“主题：钢结构”AND“主题：建筑”AND“主题：节点”AND“主分类号：E04”为搜索条件在中国知网专利范围内检索，分析各领域钢结构装配式建筑研究情况，结果如图 2-3 所示。

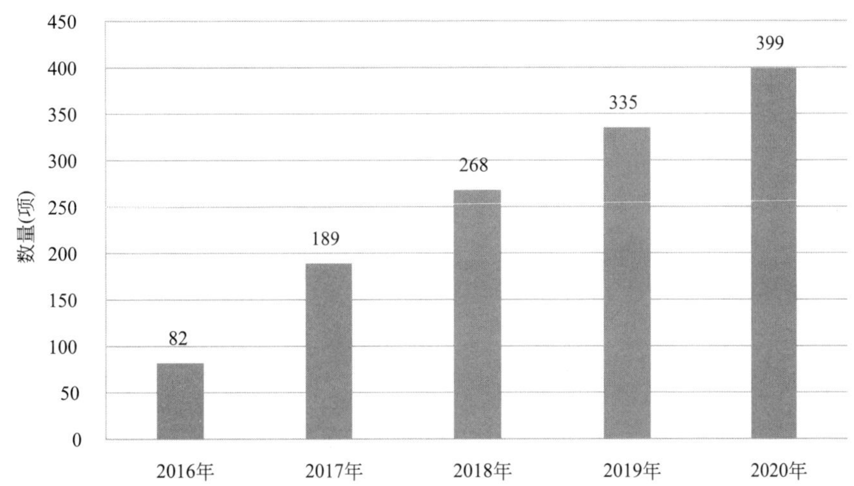

图 2-2　2016—2020 年钢结构装配式建筑公开发明专利数量

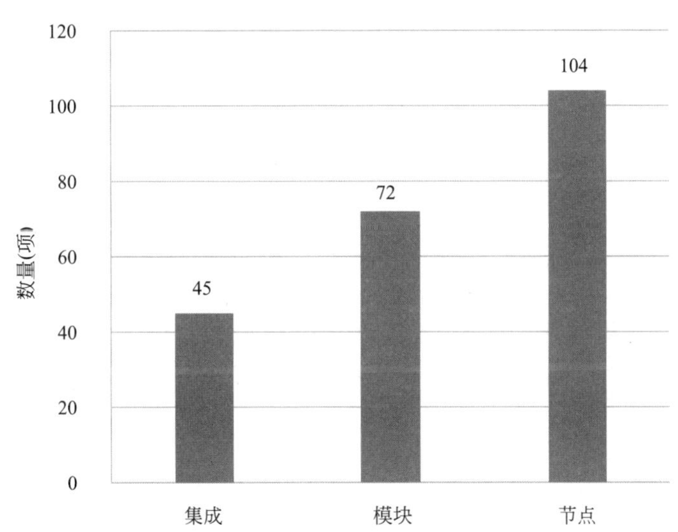

图 2-3　2020 年钢结构装配式按关键词检索的公开发明专利数量

下面选取建筑工业化领域中有代表性的钢结构装配式建筑发明专利进行简单介绍。

1. 镂空钢结构楼梯施工方法[1]（公开号：CN 112627446 A）

上海宝冶集团有限公司的《镂空钢结构楼梯施工方法》。

该发明专利涉及一种镂空钢结构楼梯施工方法，包括安装完成的钢结构梯段梁、T 形预制钢板、L 形钢板等。其中在主体结构施工期间对钢结构进行整体设计，预先施工同主体结构连接的楼梯梯段梁，并按照设计图纸确定钢梁的标高，钢梁斜面的T形钢板为预制构架，加工厂按照梯段长度预先放样、加工制作，运至现场后沿着梯段跨度方向与梯段梁焊接牢固。一般钢结构楼梯主钢梁为两根，只需将T形钢板与两根主钢管进行焊接即可，其中焊接完成的T形板与T形板之间为镂空的，此时根据图纸大小尺寸在加工厂制作加工L形钢板，运至现场后与T形板进行焊接，形成踏面。该发明专利完成的楼梯整体性好，刚度大，自重轻，施工时按照放线进行焊接即可，人为原因造成质量问题的概率小，如图2-4所示。

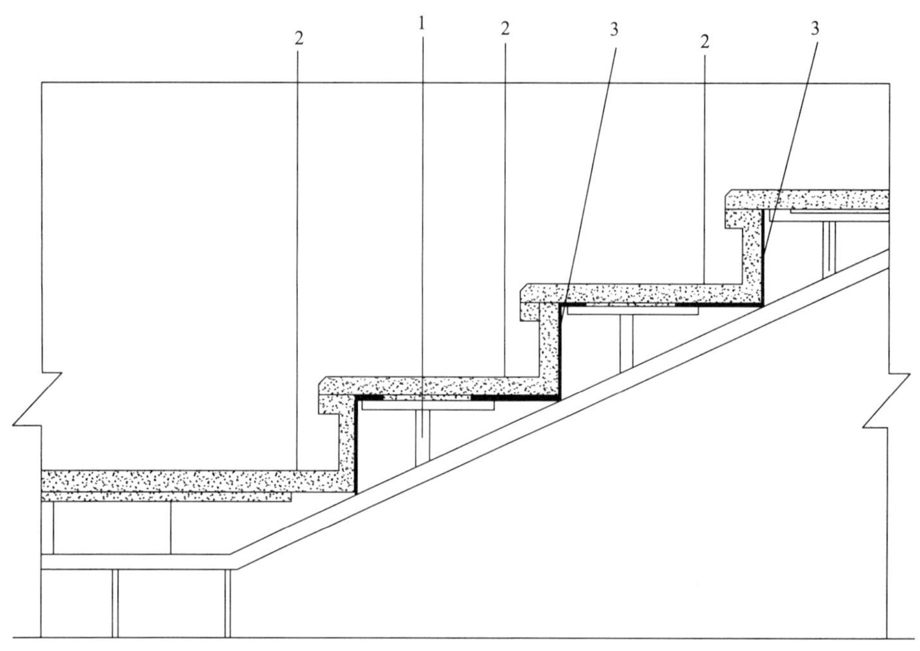

图2-4 《镂空钢结构楼梯施工方法》发明专利示意图

1—20mm厚T形钢板；2—6mm厚L形钢板；3—钢结构梯段梁

2. 装配式建筑用构件及具有其的装配式建筑[2]（公开号：CN 112012398 A）

中建科工集团有限公司的《装配式建筑用构件及具有其的装配式建筑》。

该发明专利提供的装配式建筑用构件及具有其的装配式建筑，属于装配式建筑技术领域，所述装配式建筑用构件具有横向设置的横板，所述横板上具有上下贯通的管线孔；该发明专利的装配式建筑用构件，当机电管线沿墙板进行施工遇到钢构件时，将机电管线穿进到管线孔内，即可实现机电管线穿过所述钢构件，不需要对钢构件进行绕行，施工难度小，使得施工后的结构更加美观，提高了施工效率，减少了机电管线的长度，节省了人工及材料成本，如图2-5所示。

3. 一种装配式钢结构建筑墙板顶面间隙处理结构及方法[3]（公开号CN 112227574 A）

龙元明筑科技有限责任公司的《一种装配式钢结构建筑墙板顶面间隙处理结构及方法》。

该发明专利提供了一种钢结构装配式建筑墙板顶面间隙处理结构，钢结构装配式建筑上设有混凝土楼板和钢梁构成的梁板节点，钢梁连接在混凝土楼板底面，梁板节点处安装有至少一块 ALC 墙板，ALC 墙板与钢梁的间隙内，或上下相邻 ALC 墙板的间隙内设有柔性填充件。该发明专利还提供了基于该钢结构装配式建筑墙板顶面间隙处理结构的钢结构装配式建筑墙板顶面间隙处理方法。该发明专利通过在 ALC 墙板安装过程中对柔性填充件的挤压变形即可完成对间隙的封堵，在此过程中柔性填充件无须反复试用、选择，因此墙板顶面间隙处理过程更简单、方便，密封效果好，结构简单，成本低，如图 2-6 所示。

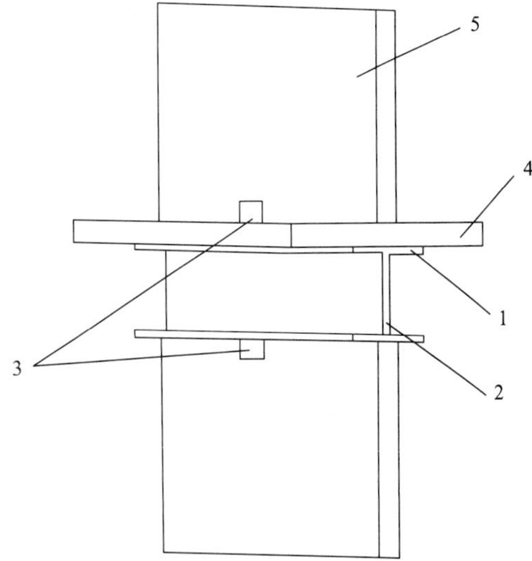

图 2-5 《装配式建筑用构件及具有其的装配式建筑》发明专利示意图

1—横向设置的横板；2—纵向设置的竖板；3—套管；4—结构楼板；5—墙板

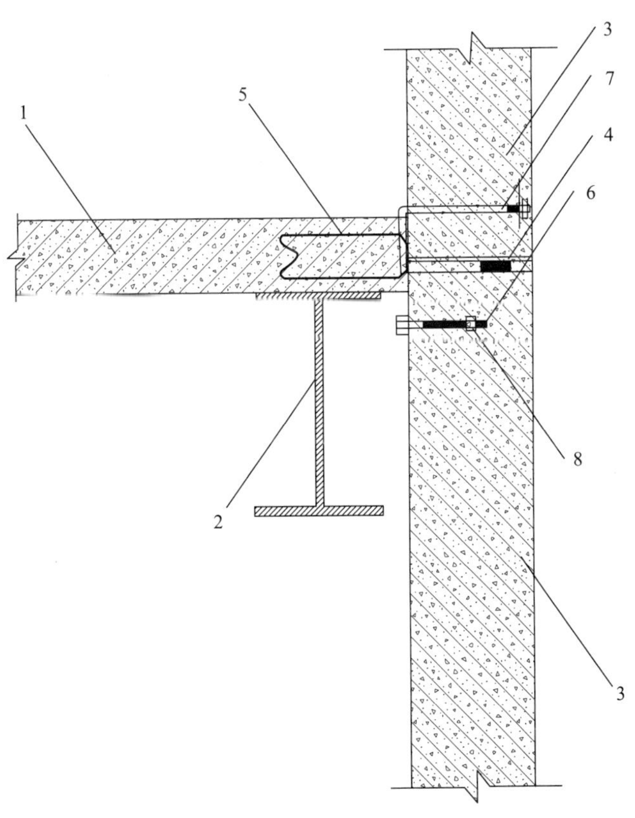

图 2-6 《一种装配式钢结构建筑墙板顶面间隙处理结构及方法》示意图

1—混凝土楼板；2—钢梁；3—ALC 墙板；4—柔性填充件；5—预埋外挂托板；6—固定螺栓；7—钩头螺栓；8—钢管锚

2.1.2 装配式混凝土结构建筑

以“装配式混凝土建筑”为关键词，以“公开日”为依据，通过专利网数据库进行搜索，统计截至2020年，当年题名中包含“装配式混凝土建筑”的发明专利获得公开的总计1154项。从2016年开始，发明专利公开的数量有明显的增长，当年为414项，2018年达到了964项，2020年达到1154项。2016—2020年装配式混凝土结构建筑公开发明专利数量变化如图2-7所示，可以看出，近几年科研人员对装配式建筑越来越关注，研究也越来越趋于理性。

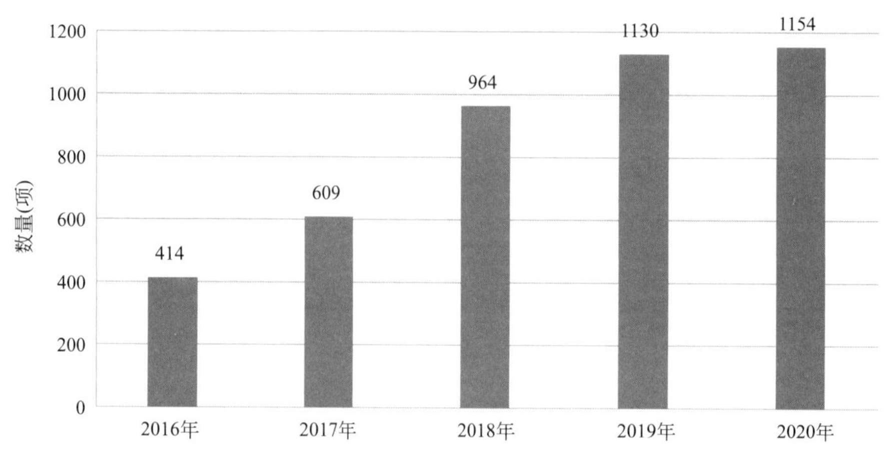

图2-7 2016—2020年装配式混凝土结构建筑公开发明专利数量

以“预制装配”为关键词，统计近几年公开的发明专利，沈阳建筑大学公开的发明专利数最多，总数为73项，东南大学其次，为61项，北京工业大学和同济大学依次为35项和30项。具体排名如图2-8所示，可以看出发明专利还是以国内众多高校以及一些大型企业为主。

下面选取建筑工业化领域中有代表性的装配式混凝土结构建筑发明专利进行简单介绍。

1. 一种模块化装配式混凝土自保温墙板[4]（公开号：CN 111851854 A）

联泷模块化自保温剪力墙示意图及构件，如图2-9所示，采用C40-C60高强自密实混凝土压浆制作，包括主墙体层、保温芯层和外叶保护层，主墙体层与外叶保护层之间通过V形拉结钢筋相连接，V形拉结钢筋由主墙体水平筋、主墙体纵向筋和主墙体桁架钢筋组成，多根主墙体水平筋与主墙体纵向筋均穿入主墙体桁架钢筋的环钩点，并与之相焊接组成V形拉结钢筋，在外叶保温芯层内填充有聚氨酯保温材料。该项技术通过V形拉筋提高了主体层与外叶板之间的协同整体性；通过竖向缝两侧的马牙槎结构提高了拼缝的抗剪能力，提高了抗震性能；保温材料通过在线发泡与主体层、外叶层紧密黏结，实现了保温与结构的一体化。墙板主规格长×宽×厚＝层高×1300mm×250mm，宽度可以200mm

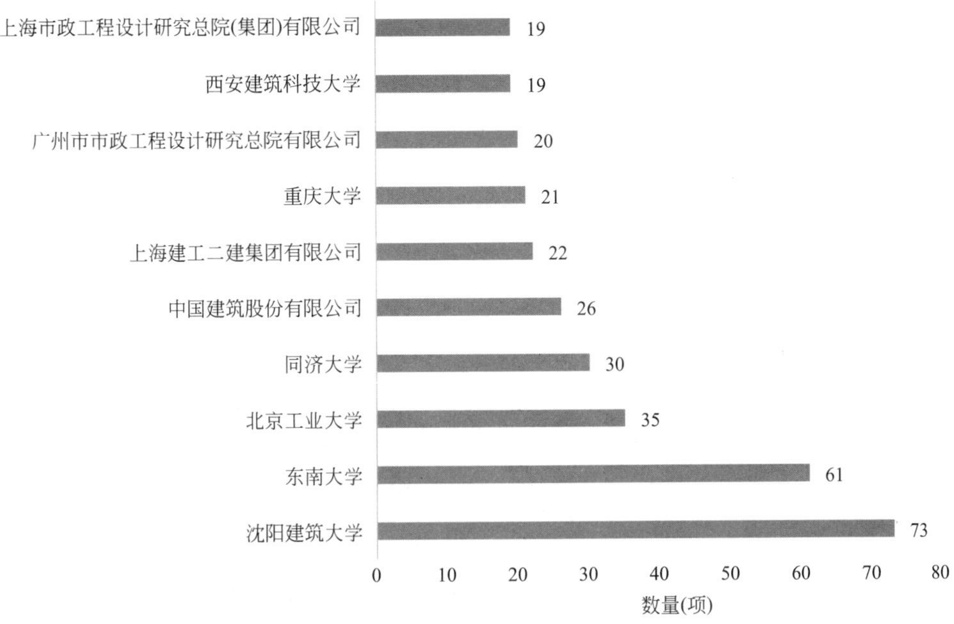

图 2-8 发明专利申请单位排名

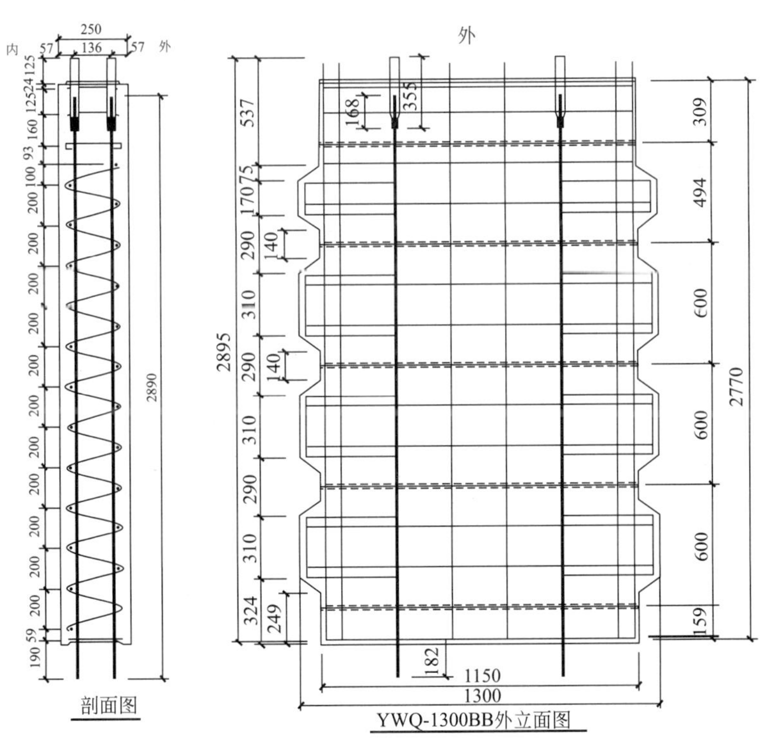

图 2-9 《一种模块化装配式混凝土自保温墙板》发明专利示意图（mm）

模数在 300～1500mm 变化，真正实现了像搭乐高积木一样去搭房子。此外，墙板还具有高强、防水、防火、自保温等特点，如图 2-10 所示。

图 2-10　模块化自保温剪力墙构件

2. 一种带有悬挑板的预制墙构件[5]（公开号：CN 111926996 B）

随着装配式建筑的快速发展，简单形态的 PC（预制混凝土）构件已经不能够满足人们的需求。如带有飘窗的建筑形式，需在施工现场搭设模板，会增加施工难度，降低施工效率，现场较多的模板搭设也会浪费大量人力并造成环境污染。三一筑工科技股份有限公司（以下简称“三一筑工”）针对现有痛点、难点，发明了《一种带有悬挑板的预制墙构件》专利（图 2-11、图 2-12），主要解决 PC 构件简洁、高效地预制飘窗的技术难题，通过合理的结构设计，在工厂将飘窗预制在墙上，且有效地提高了飘窗的稳定性。另外，在模台上利用相同的模具制作，简化了生产工艺，提高了生产效率。利用该项技术可以避免施工现场搭设模板，从而达到降低成本、快速施工、环境友好的目的。三一筑工已在多个 PC 构件工厂成功生产带飘窗的空腔预制墙构件，并应用于实际工程中，大幅提升了现场施工效率，减少了材料损耗和人工需求，填补了行业空白。

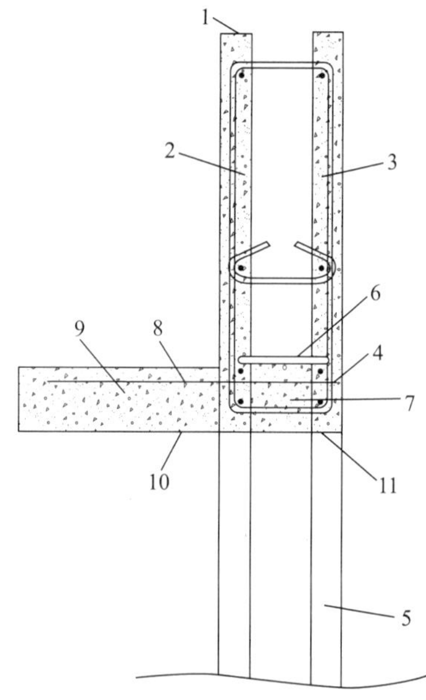

图 2-11 《一种带有悬挑板的预制墙构件》发明专利示意图

1—预制叠合墙构件；2—第一叶板；3—第二叶板；4—通孔；5—洞口；6—阻挡件；7—封堵部；8—插筋；9—飘窗板；10—底面；11—断面

图 2-12　带有悬挑板的预制墙构件

2.1.3　木结构装配式建筑

以“木结构装配式”等关键词在 IPTOP 中搜索，可看出木结构装配式公开发明专利数量基本呈上涨趋势，如图 2-13 所示。

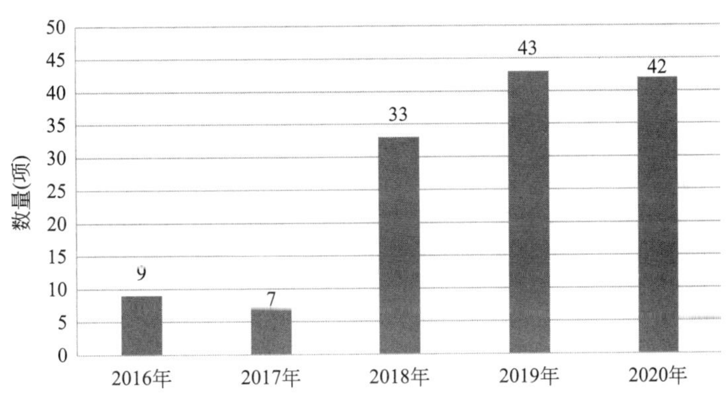

图 2-13　2016—2020 年木结构装配式公开发明专利数量

对搜集的 2020 年木结构装配式公开发明专利进行分析，可以发现 42 项发明专利中，主要热点在体系建立、墙体构造、节点连接、梁柱制作、建筑围护等方面。

下面选取建筑工业化领域中有代表性的木结构装配式建筑发明专利进行简单介绍。

1. 一种适于快速搭建的装配式现代木结构方舱及方舱体系[6]（公开号：CN 111502025 A）

同济大学的熊海贝、孙瑾煜、陈佳炜研究发明出一种适于快速搭建的装配式现代木结构方舱及方舱体系，如图 2-14 所示。使用预制方舱，全部整屋装配，管线等已预设，通过套管等与综合管线密实连接。具有建设速度快、拼装拆解简捷、管线独立布置方便、保温隔热隔声性能好、气密性好、耗能低、可重复使用率高和绿色、环保等特点。

2. 一种装配式木结构墙体构造[7]（公开号：CN 210767368 U）

深圳龙源精造建设集团有限公司的鲁军、杨继奎等研究的实用新型木结构装配式墙体

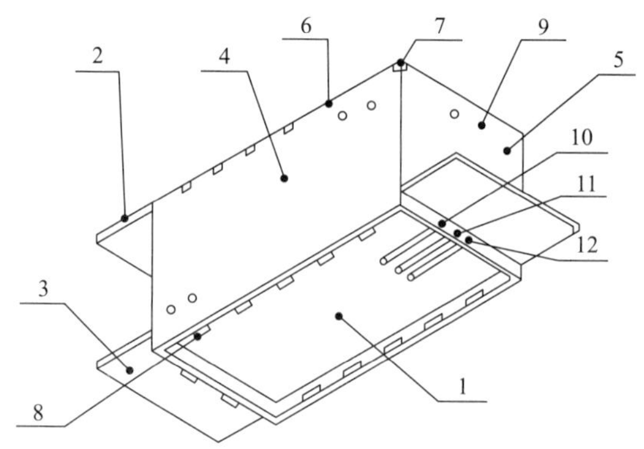

图 2-14　适于快速搭建的装配式现代木结构方舱及方舱体系

1—供给腔；2——块顶板；3——块底板；4—两块横侧板；5—两块纵侧板；6—第一连接件；7—第二连接件；8—预埋连接件；9—预制通孔；10—排水管道；11—电路管道；12—通风管道

构造，如图 2-15 所示。该种木结构装配式墙体构造在使用时，内部采用龙骨作为支撑，墙体之间通过木楔插接在安装槽里，且木楔与安装槽的上端宽度均越来越窄，通过木楔与安装槽进行榫卯连接，这种连接方式使得连接部件更为紧密牢固。

3. 一种装配式木结构墙体的拼接节点[8]（公开号：CN 111535478 A）

贵州凯欣产业投资股份有限公司的徐生洋、潘盛松等研究的木结构装配式墙体拼接节点，如图 2-16 所示。该发明专利提供的木结构装配式墙体的拼接节点使得雨水不易渗透进

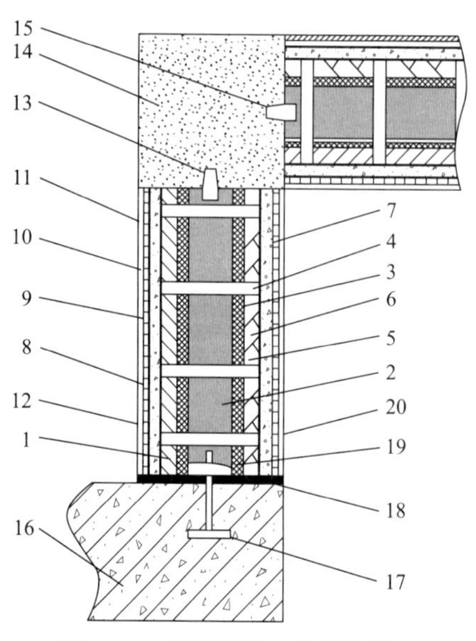

图 2-15　木结构装配式墙体构造

1—墙体；2—龙骨；3—保温层；4—钢钉；5—保温棉；6—结构板；7—防火板；8—里层；9—表层；10—防水透气纤维层；11—室内装饰面板；12—UV 烤漆面层；13—木楔；14—连接块；15—安装槽；16—混凝土墙；17—螺纹连接杆；18—衔接板；19—螺母；20—背板

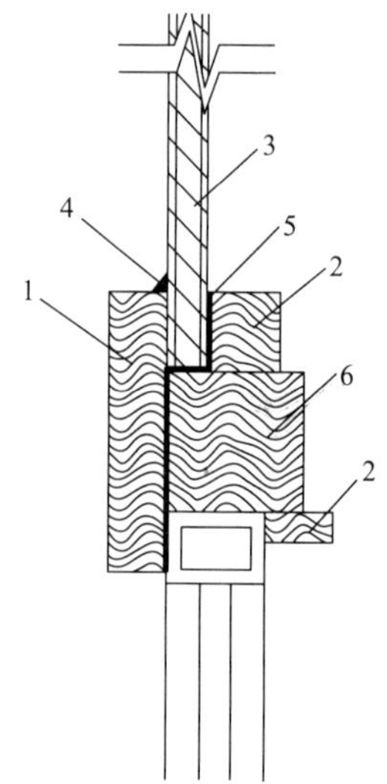

图 2-16　装配式木结构墙体的拼接节点

1—止口板；2—收口条；3—木墙板；4—密封胶；5—呼吸纸；6—上窗台梁

室内。各墙体构件从上至下依次并排设置，形成若干个水平拼接缝，室外各拼接缝的缝隙通过一个止口板覆盖，室内各拼缝的缝隙通过一个收口条覆盖。收口条固定于墙体构件上，通过呼吸纸穿设于拼接节点最上端的拼接缝中，从而实现防水功能。

2.1.4 装配式桥梁

在中国知网专利查询库高级搜索以“主题：装配＋预制”AND“主题：桥梁”为搜索条件搜索，可得2016—2020年公开的与装配式桥梁相关的发明专利情况。2020年共计364项。其中，与结构体系技术相关的发明专利为44项，与部品及其制造技术相关的发明专利为131项，与连接技术相关的发明专利为24项，与施工相关的发明专利为165项，如图2-17和图2-18所示。

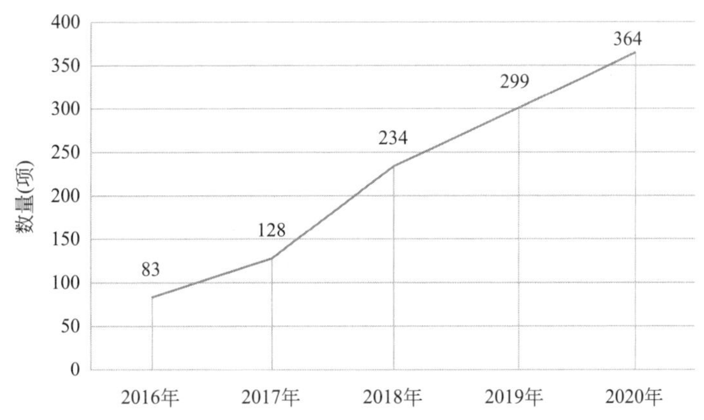

图2-17 2016—2020年装配式桥梁公开发明专利数量

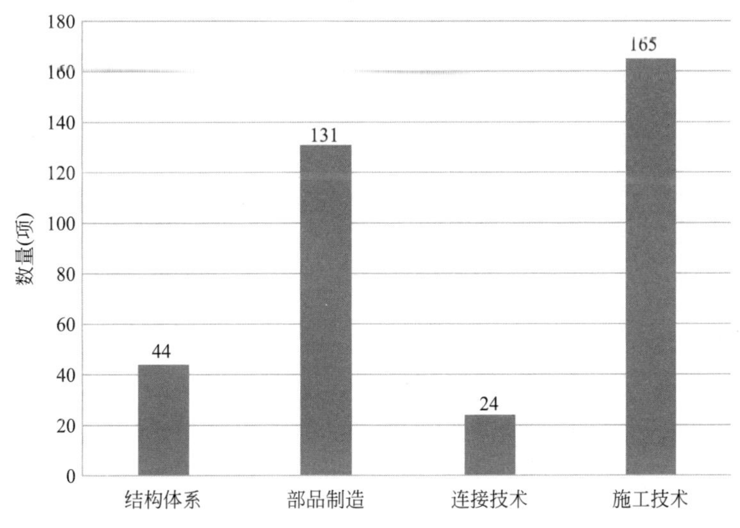

图2-18 按技术类型统计的2020年装配式桥梁相关发明专利公开统计情况

按照不同结构体系划分，与钢结构装配式相关的发明专利为36项，与装配式混凝土结构相关的发明专利为17项，与装配式钢-混组合结构相关的发明专利为27项，不同类型结构体系均适用的发明专利为284项，如图2-19所示。

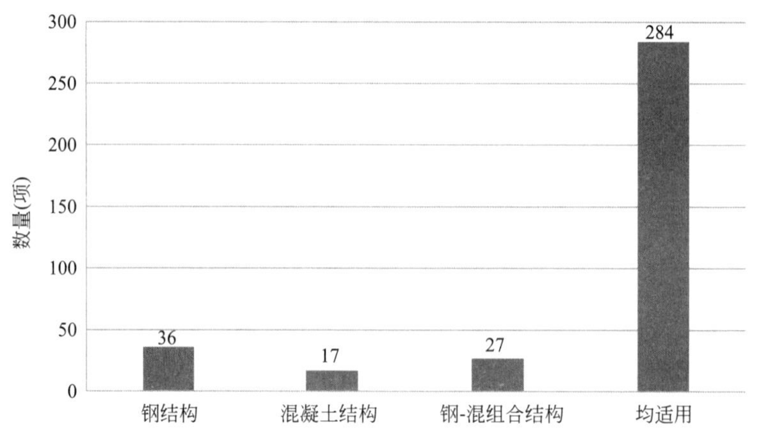

图2-19　按结构类型统计的2020年公开发明专利统计情况

可见，2020年公开的发明专利技术较多的是新的部品和施工技术，体系和连接技术相关的发明专利相对较少。

下面选取建筑工业化领域中有代表性的装配式桥梁发明专利进行简单介绍。

1. 连接承台和预制桥梁墩身的湿接缝构件[9]（公开号：CN 109267473 B）

中铁大桥局集团有限公司的《连接承台和预制桥梁墩身的湿接缝构件》。

该发明专利公开了一种连接承台和预制桥梁墩身的湿接缝构件，如图2-20所示。湿接

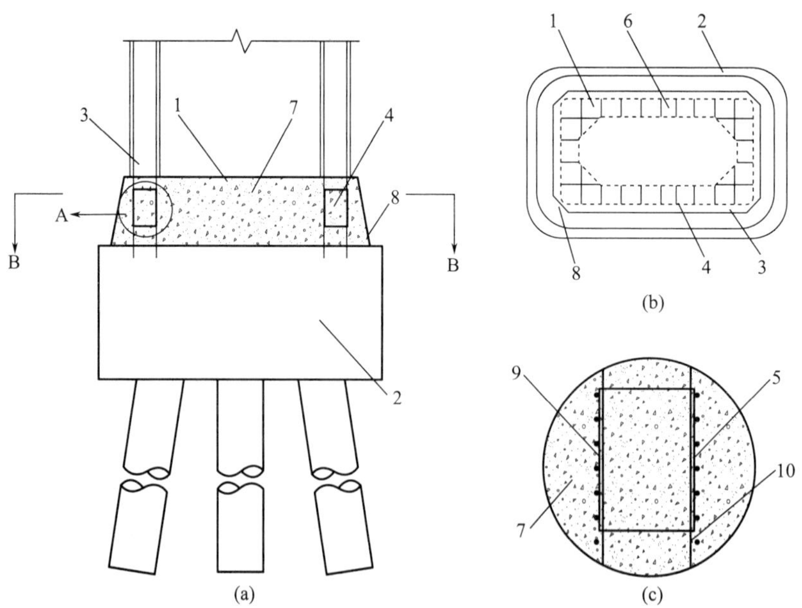

图2-20　《连接承台和预制桥梁墩身的湿接缝构件》发明专利示意图

（a）结构示意图；（b）A处局部放大图；（c）B-B方向剖视图

1—湿接缝构件主体；2—承台；3—预制桥梁墩身；4—预埋钢筋组；5—环形钢筋；6—环形腔体；7—混凝土；8—加固台；9—间隙；10—预埋钢筋

缝构件主体包括：多组预埋钢筋组，每组预埋钢筋组包括两对预埋钢筋，两对预埋钢筋相对预设于承台与预制桥梁墩身之间，且多组预埋钢筋组分别沿承台与预制桥梁墩身的周向间隔设置；多个环形钢筋，每个环形钢筋对应一组预埋钢筋组，且每组预埋钢筋组通过对应的环形钢筋连接固定。所有环形钢筋与所有预埋钢筋之间形成联通的环形腔体，环形腔体内填充有混凝土。承台和预制桥梁墩身的钢筋接头处通过环形钢筋连接固定后，改变了以前逐根焊接、逐根精确定位的现象。

2. 桥梁多点分散体外预应力预制模块加固装置及其加固方法[10]（公开号：CN 112030784 A）

上海市市政规划设计研究院有限公司的《桥梁多点分散体外预应力预制模块加固装置及其加固方法》。

该发明专利提供了一种桥梁多点分散体外预应力预制模块加固装置及其加固方法，该装置包括：预制转向件，所述预制转向件设置于待加固桥梁的转向点，所述转向点的相对两侧设置有分散的多个锚固点；多个预制锚固件，所述预制锚固件设置于所述锚固点；湿接缝，所述预制锚固件、所述预制转向件分别与所述待加固桥梁之间形成所述湿接缝，所述湿接缝中浇筑有混凝土；多个分散体外预应力索，所述分散体外预应力索穿设于所述预制转向件，所述分散体外预应力索的两端分别连接于所述转向点相对两侧的所述预制锚固件。该发明专利解决了传统桥梁体外预应力加固方法存在体外预应力在锚固点或转向点较为集中、施工复杂、施工周期长的问题，如图 2-21 所示。

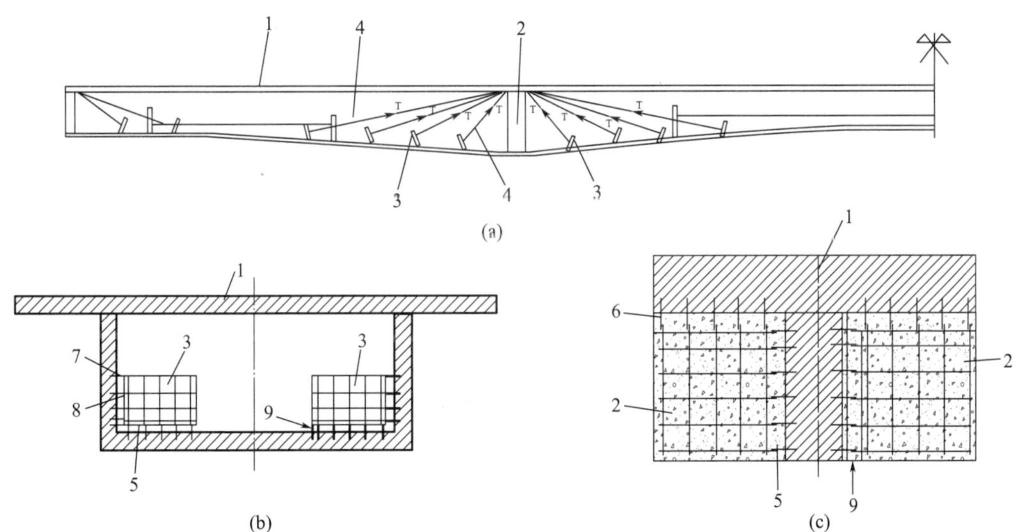

图 2-21 《桥梁多点分散体外预应力预制模块加固装置及其加固方法》发明专利示意图

（a）结构示意图；（b）预制锚固块安装示意图；（c）预制转向块安装示意图

1—待加固桥梁；2—预制转向件；3—多个预制锚固件；4—多个分散体外预应力索；

5—混凝土；6—第一植筋；7—第二植筋；8—锚固筋；9—湿接缝

3. 桥梁结构连接节点及施工方法[11]（CN 111979902 A）

同济大学建筑设计研究院（集团）有限公司的《桥梁结构连接节点及施工方法》。

该发明专利涉及一种桥梁结构连接节点及施工方法，包括：活动支撑座，设于承载结构与盖梁结构之间，用于活动支撑所述盖梁本体；外围连接部件，围绕所述承载结构和所述盖梁结构设置，用于周向连接所述承载结构与所述盖梁结构；固定连接体，围绕所述活动支撑座设置，且填充于所述承载结构与所述盖梁本体之间，用于固定连接所述承载结构与所述盖梁本体。该实例的连接方式结构受力好，对承载结构施加冲击荷载和弯矩不会导致立柱破损；外围连接部件能够避免承载结构与盖梁结构在意外情况下出现水平相对滑移，避免位置偏移引发安全事故，如图 2-22 所示。

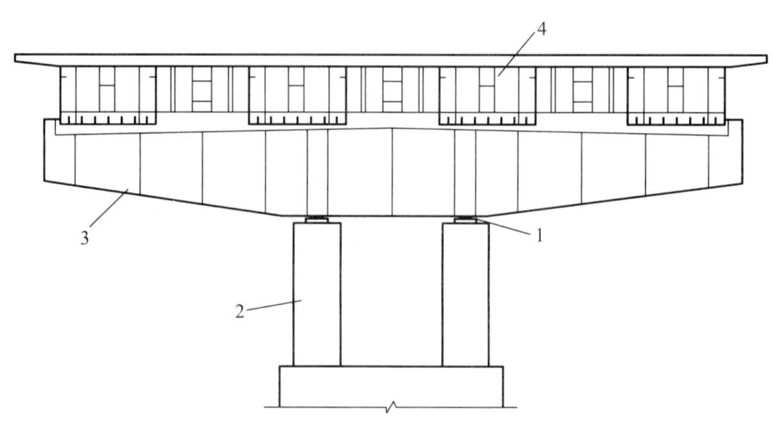

图 2-22 《桥梁结构连接节点及施工方法》示意图

1—活动支撑座；2—承载结构；3—盖梁本体；4—恒载体

2.1.5 智能建造

智能建造领域，以“BIM+装配式建筑”“物联网+装配式建筑”“云计算+装配式建筑”“大数据+装配式建筑”“人工智能+装配式建筑”为关键词，以“公开日”为依据在中国知网进行专利搜索。2016—2020 年建筑工业化智能建造新公开发明专利数量如图 2-23 所示。2020 年，建筑工业化领域中智能建造方面的公开发明专利共计 63 项，2019 年相比增长了 23.5%，主要集中在装配式建筑的 BIM 应用方面。

下面选取建筑工业化领域中有代表性的智能建造发明专利进行简单介绍。

1. 基于 BIM 的装配式建筑预制混凝土构件模具的排布方法[12]（公开号：CN 112060292 A）

重庆中科建设（集团）有限公司提出了一种基于 BIM 的装配式建筑预制混凝土构件模具的排布方法，包括以下步骤：获取预制混凝土构件模型的轮廓特征信息；通过预制混凝土构件模型的轮廓特征信息将用户选定的适用于所述预制混凝土构件模型的模具组加入备选池；根据预制混凝土构件模型的轮廓特征信息建立基准模型；筛选出合适的最佳模具组合方案；计算所述最佳模具组合方案的排布点位；将转换后的排布点位和预制混凝土构件模型在世界坐标系中的旋转信息作为参数传入 PLANBAR 中提供的库模型创建函数；根据上一个步骤中得到的库模型创建函数执行创建所有预制混凝土模具和模具配件模型，即完成了预制混凝土构件模具的排布。此方法极大地提高了模型模具深化设计中的工作效

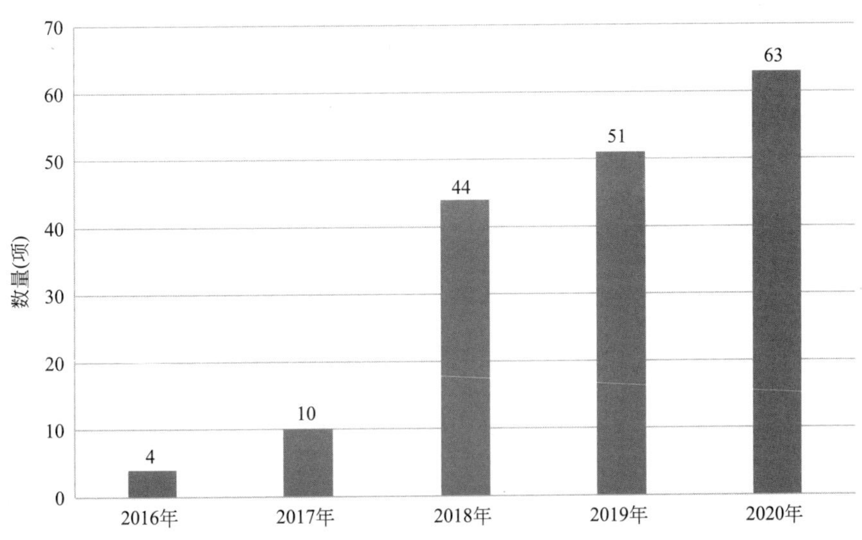

图 2-23 2016—2020 年建筑工业化智能建造新公开发明专利数量

率，同时保证了设计模型的准确性。方案步骤如图 2-24 所示。

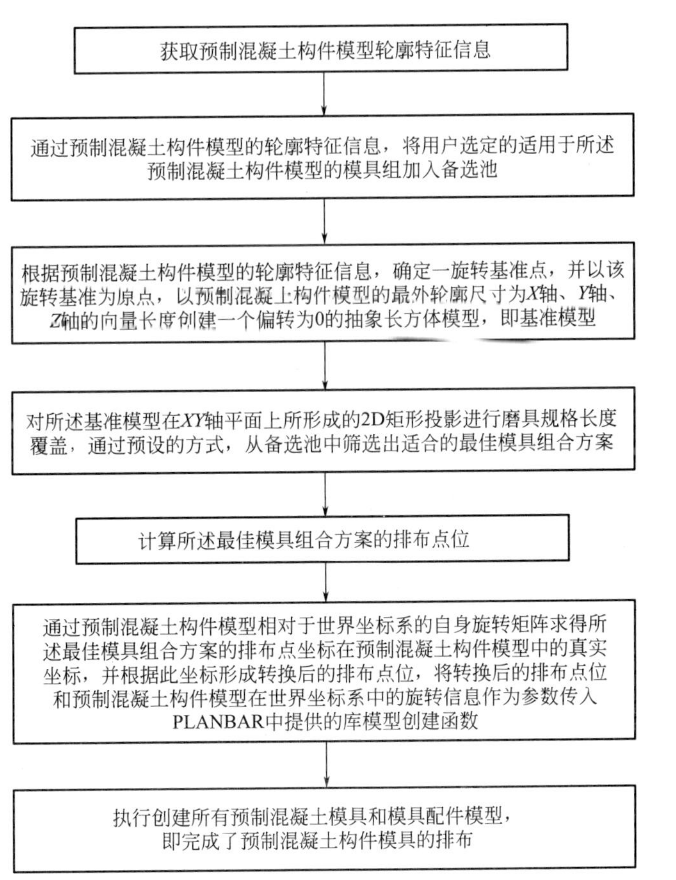

图 2-24 《基于 BIM 的装配式建筑预制混凝土构件模具的排布方法》方案步骤

2. 一种基于BIM技术的装配式建筑构造设计系统[13]（公开号：CN 111027940 A）

中铁北京工程局集团有限公司公开了一种基于BIM技术的装配式建筑构造设计系统，解决了建筑构造时信息处理慢、设计构造效率低的问题，具备了以下效果：在各个模块的协同配合下，能够有效地管理内部人员登录信息，并根据信息及时建立所需的建筑构型，且便于储存以及再次建模修改，同时方便集中进行信息交流探讨，从而使建筑构造更加完善，构造设计更加高效。图2-25为示意图，图2-26为局部示意图。

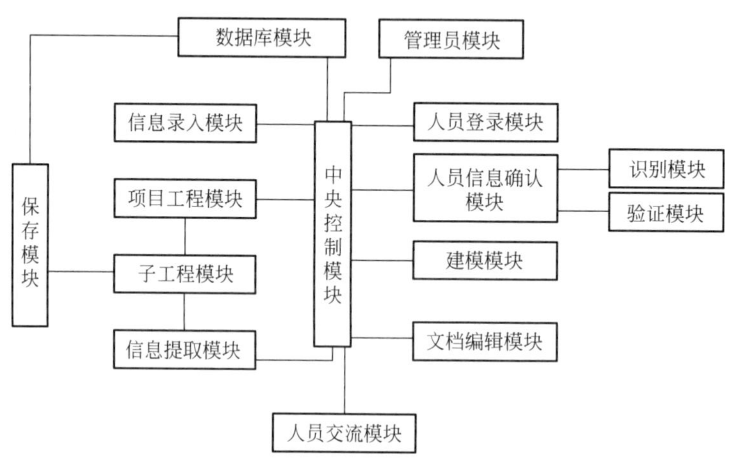

图2-25 《一种基于BIM技术的装配式建筑构造设计系统》示意图

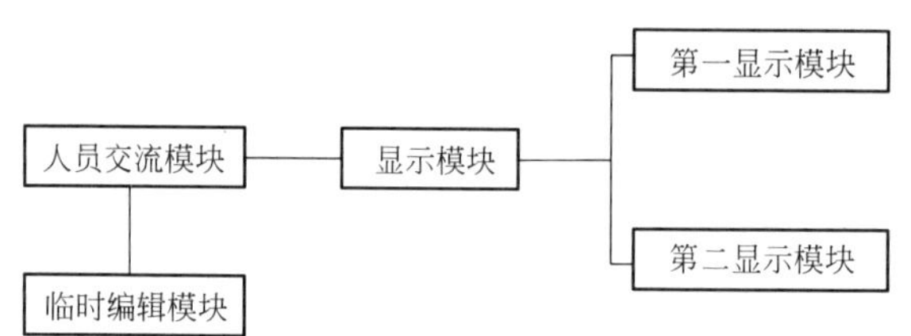

图2-26 《一种基于BIM技术的装配式建筑构造设计系统》局部示意图

3. 一种装配式建筑施工安全监控系统、方法、装置及介质[14]（公开号：CN 111210365 A）

广州大学刘景矿等人公开了一种装配式建筑施工安全监控系统、方法、装置及介质。该系统包括物联网跟踪监测模块、BIM可视化监控模块、4D损坏演绎模块和联动预警模块。该方法通过获取装配式建筑的预制构件的位置信息和状态数据生成建筑可视化模型；对所述状态数据进行处理，确定出现安全隐患的预制构件；基于所述建筑可视化模型，根据出现安全隐患的预制构件进行装配式建筑的损坏过程演绎，并向装配式建筑的现场施工人员发送预警通知。使用该方法能够降低装配式建筑施工过程中的安全事故发生率，减少装配式建筑施工过程中的人员伤亡和财产损失。该发明专利可广泛应用于装配式建筑技术领域。图2-27为监控方法流程示意图。

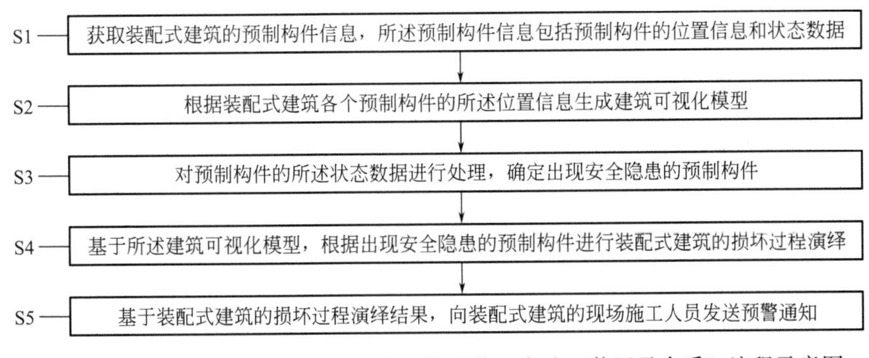

图 2-27 《一种装配式建筑施工安全监控系统、方法、装置及介质》流程示意图

4. 基于大数据和装配式建筑平台的数据处理方法、系统及存储介质[15]（公开号：CN 112184493 A）

广州云莫凡信息科技有限公司提出的基于大数据和装配式建筑平台的数据处理方法、系统及存储介质。首先获取终端设备上传的待装配构件对应的多组来源数据，其次对多组来源数据进行遍历比对，得到比对结果并生成结果报表，然后将比对结果和结果报表关联存储到数据库中并关联比对结果和多组来源数据。该发明专利通过比对来源数据、比对结果以及结果报表进行关联，能够减少处理节点的设置，从而减少设备成本和人力成本，并主动对来源数据进行更新监测，确保数据更新的及时性和同步性，避免数据更新滞后带来的来源数据、比对结果和结果报表之间的数据混乱。图 2-28 为数据处理方法流程图。

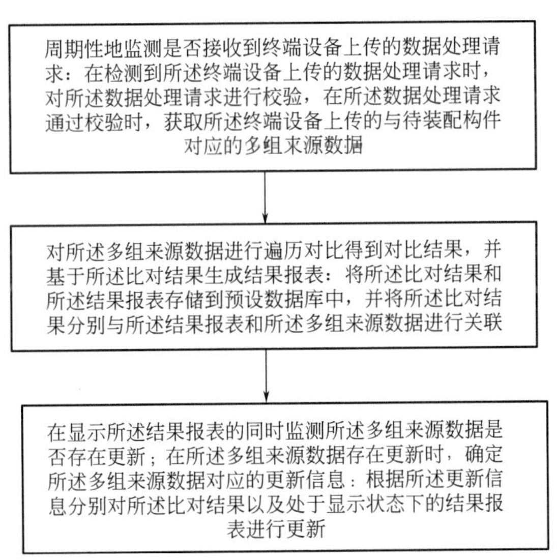

图 2-28 《基于大数据和装配式建筑平台的数据处理方法、系统及存储介质》流程示意图

5. 一种全尺寸 3D 打印系统及方法[16]（公开号：CN 111927099 B）

上海建工集团股份有限公司公开了一种全尺寸 3D 打印系统及方法，该方法采用绳索驱动制动机构、动平台、高强绳索、绳索导向机构、绳索固定组件、无人机定位提升系统、打

印头机构及打印头连接机构，高强绳索的一端与绳索驱动制动机构连接，另一端经绳索导向机构导向后通过绳索固定组件与无人机定位提升系统连接，无人机定位提升系统带动动平台移动，实现打印头机构的初步定位和支撑，绳索驱动制动机构通过收放高强绳索实现对打印头机构的精确定位，具有轻型、占用空间小、便携的优点，解决了现有3D打印装置和方法打印作业范围受设备本体尺寸限制的问题，可以实现任意区域各种体积建筑的打印。

2.2 新发表论文

利用相关关键词，在知网上搜索出2020年相关建筑工业化的新发表论文，与“钢结构装配式建筑”相关的新发表论文总计83篇，与“装配式混凝土建筑”相关的新发表论文总计38篇，与“木结构装配式”相关的新发表论文总计16篇，与“装配式桥梁”相关的新发表论文总计498篇，“智能建造”相关的新发表论文总计27篇，如图2-29所示。

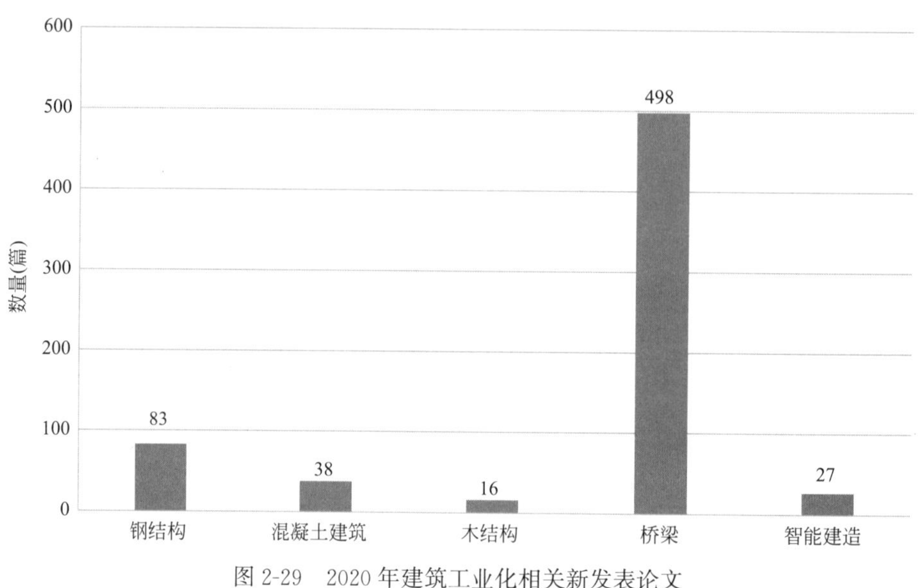

图2-29　2020年建筑工业化相关新发表论文

2.2.1 钢结构装配式建筑

以“主题：钢结构”AND“主题：装配＋预制”AND“分类号：TU”为搜索条件，搜索到2016年硕博发表相关论文数量为51篇，2017年硕博发表相关论文数量为90篇，2018年硕博发表相关论文数量为131篇，2019年硕博发表相关论文数量为123篇，2020年硕博发表相关论文数量为83篇。发表论文数量从2016年开始有明显增加，但到2020年有明显回落。如图2-30所示可以看出，从2016年开始至2018年钢结构的研究及关注度明显提高，2019年开始回落。

以“钢结构＋模块”为关键词，统计2020年公开期刊论文，共计89篇。其中北京工

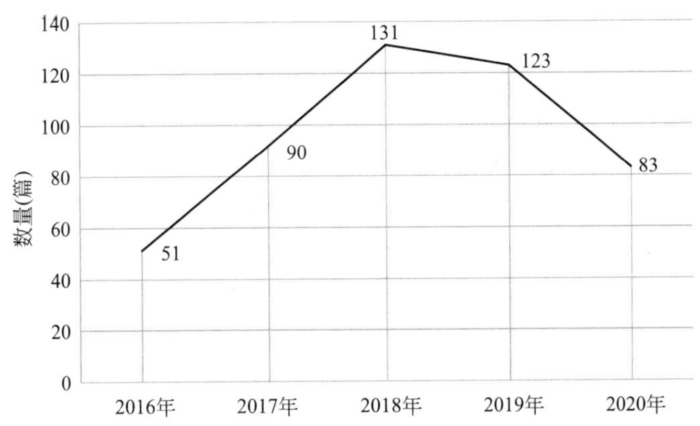

图 2-30　2016—2020 年“钢结构装配式建筑”主题硕博论文发表情况

业大学、中国建筑集团有限公司、中建科技集团有限公司、中建装配式建筑设计研究院有限公司、中南建筑设计院股份有限公司、中国建筑发展有限公司公开的期刊论文数最多，总数均为 4 篇，其次是同济大学和海军后勤学院均为 3 篇，具体见图 2-31，可以看出发表期刊还是以国内建筑企业与高校学者为主。

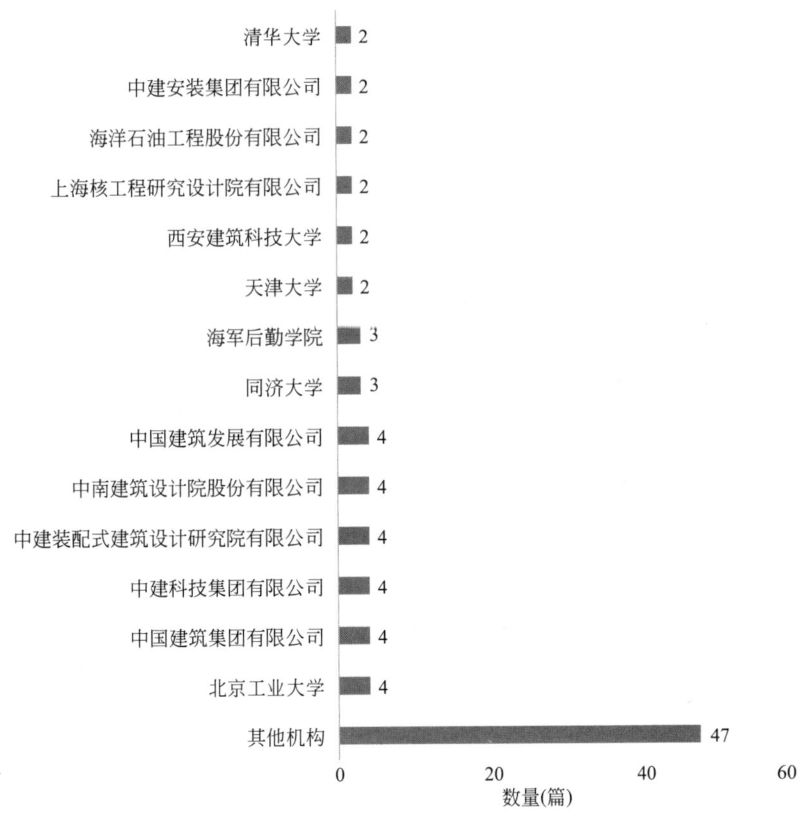

图 2-31　2020 年含“钢结构”＋“模块”的建筑期刊论文发布分布情况

下面选取建筑工业化领域中有代表性的钢结构装配式建筑研究——钢板组合剪力墙在装配式高层住宅中的设计应用[17]进行简单介绍。

杭萧钢构股份有限公司和浙江省省直建筑设计院的《钢板组合剪力墙在装配式高层住宅中的设计应用》。

钢板组合剪力墙作为一种新型抗侧力构件（图 2-32），目前在高层公共建筑中已得到应用，但在高层钢结构住宅中仍处于起步阶段。该应用通过对某高层装配式住宅项目进行结构设计与分析，介绍了钢板组合剪力墙的结构布置、模型分析计算、节点设计、构造要求及施工制作工艺等。根据设计实践结果，对这种抗侧力构件的特点、设计思路、适用性等有了更深入的认识，为今后在装配式高层钢结构住宅中的设计应用提供了参考经验。

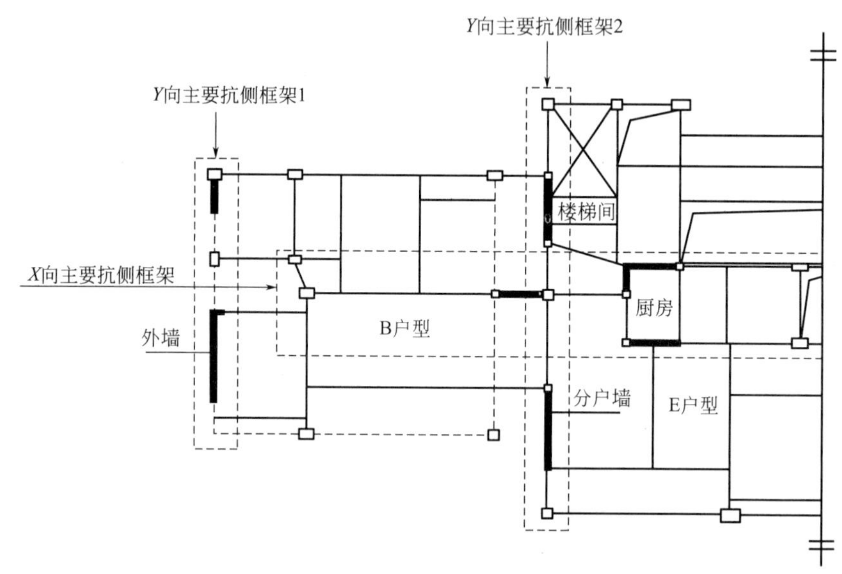

图 2-32　钢板组合剪力墙结构平面布置图

2.2.2　装配式混凝土结构建筑

2016 年以来装配式混凝土建筑占新建建筑的比例逐年提升，且相对于木结构装配式与钢结构装配式来说，装配式混凝土建筑在国内占据主导地位。以“装配式混凝土建筑”为关键词，通过知网数据库搜索硕博论文，统计截至 2020 年，可以发现主题中包含“装配式混凝土建筑”的硕博论文总计 190 篇。从 2016 年开始硕博论文的数量有明显的增加，2019 年达到了 63 篇，2020 年与“装配式混凝土建筑”相关的硕博论文数量有所下降，总计为 38 篇，如图 2-33 所示。可以看出，近五年来科研人员对装配式混凝土建筑越来越关注，近两年来相关研究也越来越趋于理性。

缩小装配式混凝土结构文献搜索范围，对装配式混凝土结构建筑体系的相关研究进行分析，通过知网数据库，以“装配式混凝土结构”为主题检索期刊可以发现，2016—2020 年相关期刊数量年度分布情况如图 2-34 所示。2016 年以来，研究者对于装配式混凝土结构的关注度越来越高，文章数量增长的趋势较为明显，但至 2020 年研究期刊数量较 2019 年有些许回落。

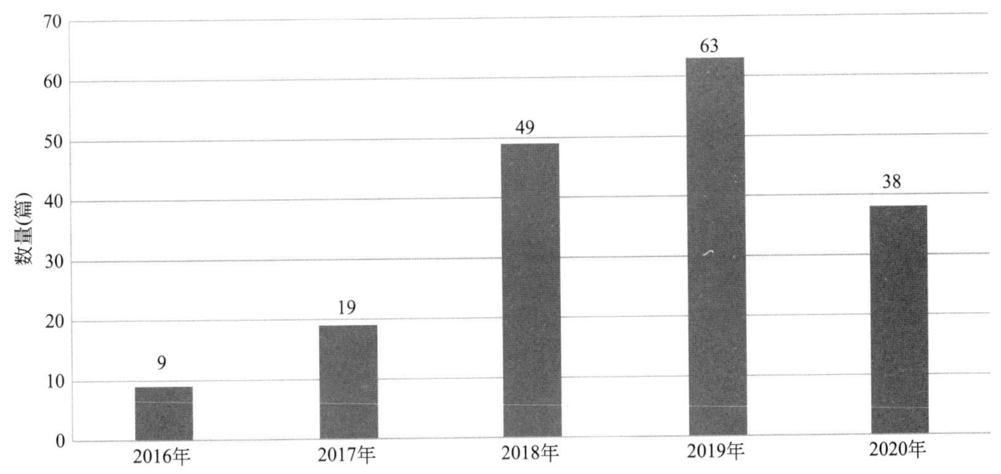

图 2-33 2016—2020 年与“装配式混凝土建筑”主题相关硕博论文分布情况

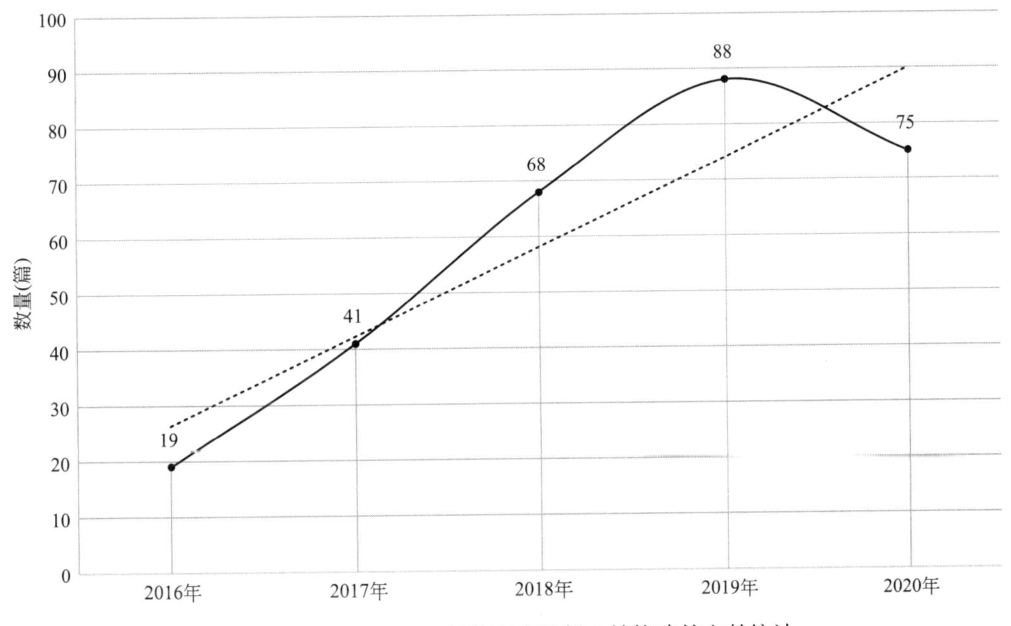

图 2-34 2016—2020 年装配式混凝土结构建筑文献统计

截至 2020 年，建筑科学与工程期刊论文篇名中涉及“预制混凝土”的论文数量排名前四位的学校为同济大学、东南大学、沈阳建筑大学以及西安建筑科技大学，各高校论文排名及数量如图 2-35 所示。

截至 2020 年，建筑科学与工程期刊论文题目中涉及“装配式”的论文数量排名前四位的学校为沈阳建筑大学、东南大学、西安建筑科技大学以及同济大学，如图 2-36 所示。

上述高校的研究重点主要针对装配式混凝土建筑的施工和节点连接、装配式混凝土剪力墙、框架柱及其他结构形式的抗震性能。总的来说，各研究单位目前都比较注重对装配式混凝土建筑抗震性能的研究，这也从侧面凸显了装配式混凝土建筑在抗震方面的要求越来越多地受到社会和科研机构的重视。

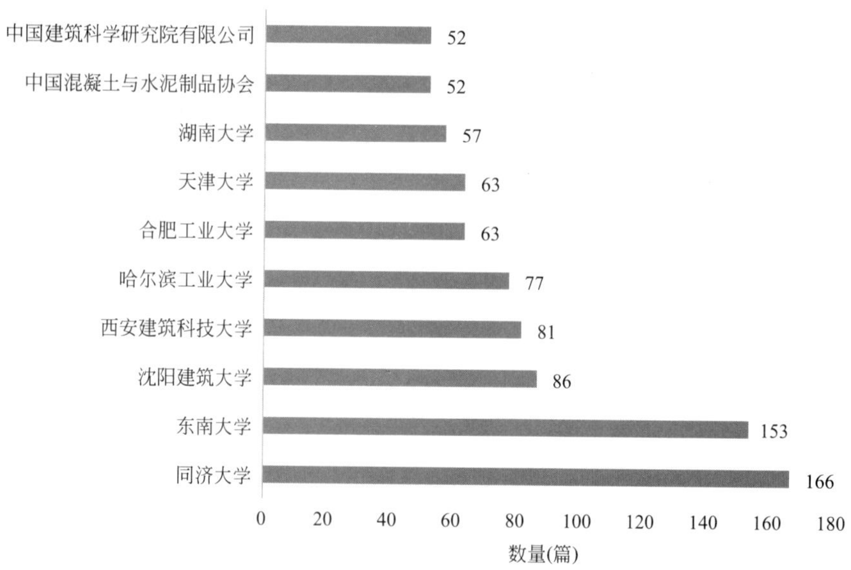

图 2-35　截至 2020 年篇名中涉及“预制混凝土”的各研究单位期刊文献统计

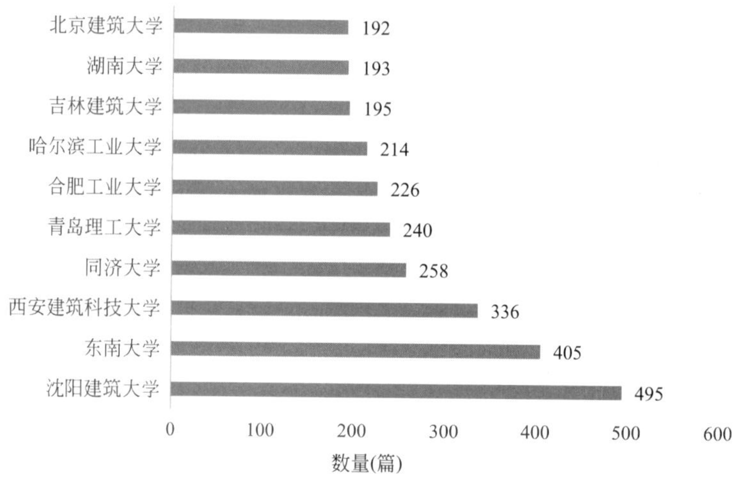

图 2-36　截至 2020 年篇名中涉及“装配式”的各研究单位期刊文献统计

下面选取建筑工业化领域中有代表性的装配式混凝土结构研究应用进行简单介绍。

1. 钢筋套筒灌浆对接与搭接接头力学性能对比[18]

套筒灌浆连接作为一种重要的装配式建筑连接方式，是保证结构整体安全性和可靠性的关键。同济大学和山西建筑工程集团有限公司合作，对套筒灌浆内部钢筋的两种连接方式——对接和搭接的力学性能差异进行了研究，两种钢筋在套筒中的接头方式如图 2-37 所示。该研究主要对灌浆套筒中 24 个对接和 12 个搭接钢筋接头进行了单向拉伸试验，如图 2-38 所示，对比了不同接头方式的破坏形态、承载力、延性、力-位移曲线、套筒应变等。通过对试验数据的分析以及套筒的破坏形态对比得出以下结论：①搭接接头的灌浆料截面抗裂以及胀紧性能优于对接接头形式；②在套筒长度相同时，搭接接头承载力、总伸长率、刚度分别是对接接头的5～7倍、3～5倍、2～3倍，位移延性系数大于对接接头；③对接接头相较于搭接接头，对套筒抗拉强度要求较低；④搭接接头套筒中部对灌浆料的约束作用大于对接接头，搭接接头力学性能优于对接接头，可运用于预制装配式结构钢筋连接。

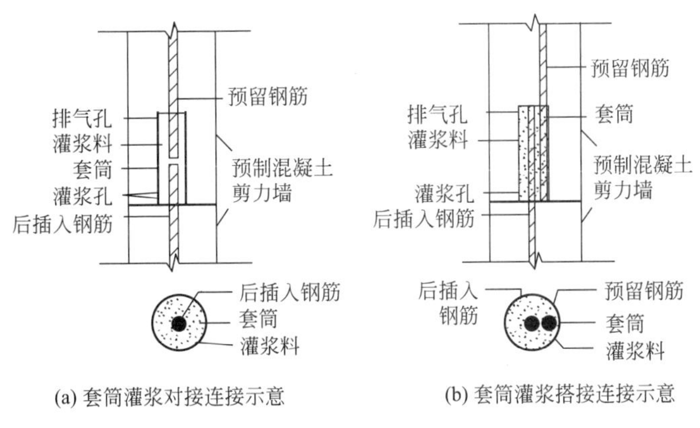

图 2-37 灌浆套筒中两种接头搭接方式

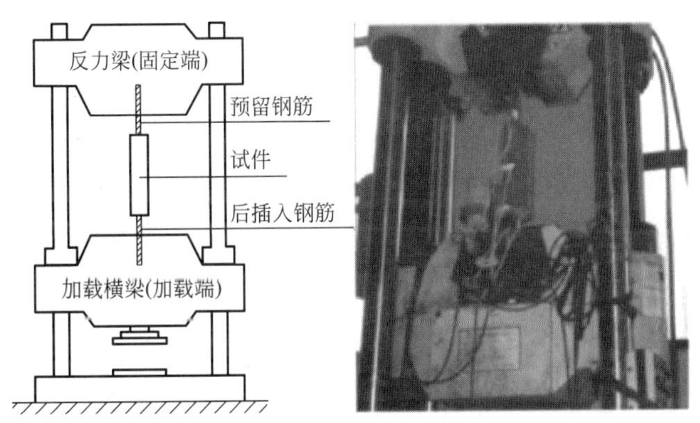

图 2-38 单向拉伸试验装置

2. 打印混凝土与钢筋的黏结性能试验研究[19]

3D混凝土打印技术近年来成为众多学者争先研究的课题，由于其依托于数字制造技术，可直接制造生成PC构件，免去了传统构件生产过程中的拆模、支模等烦琐步骤，因而具有生产速度快、效率高的优点，典型的3D混凝土打印如图2-39所示。东南大学土木工程学院武雷等人针对目前3D打印混凝土与钢筋黏结性能不佳的问题，采用正交试验法研究了钢筋直径、打印混凝土材料的强度、打印工艺以及钢筋置入方式这4类因素对打印混凝土材料黏结性能的影响规律。采用如图2-40所示的中心拉拔试验装置对各个正交因素状态下的试件进行钢筋与打印混凝土黏结性能试验，通过试验发现：优先采用顺纹打印工艺及埋入放置钢筋的方式，可以提高钢筋与打印混凝土的黏结性能。

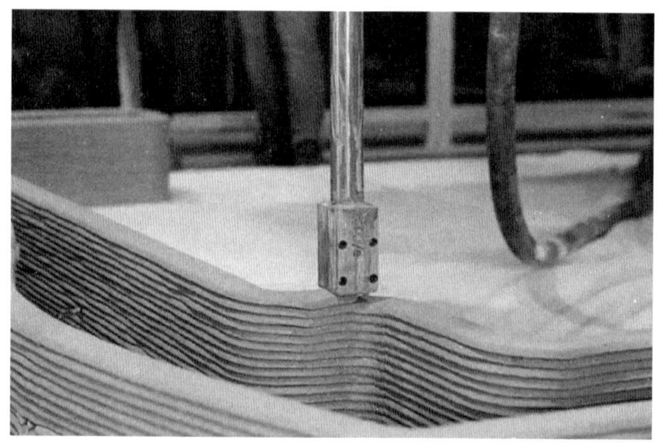

图 2-39　3D混凝土打印

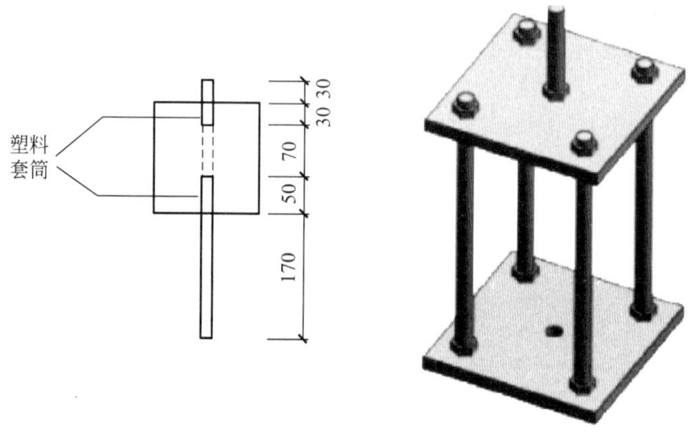

图 2-40　拉拔试验试件及试验工具（mm）

2.2.3　木结构装配式建筑

以“木结构装配式建筑”为关键词在知网中搜查相关论文资料可看出，论文年公开数量大多维持在两位数，如图 2-41 所示。

对搜集的 2020 年发表的木结构装配式建筑相关论文进行分析，可以发现公开的 16 篇相关论文中，提及“构造节点”“结构设计”等关键词的频率较高。关于构造节点的研究共计 3 篇，关于模块化设计与应用的研究有 1 篇。

下面选取建筑工业化领域中有代表性的木结构装配式建筑研究进行简单介绍。

1. 基于传统榫卯节点的装配式纯木结构构造节点简化研究[20]

北方工业大学建筑与艺术学院的贾东、张一承研究了基于传统榫卯节点的装配式纯木结构构造节点。以装配式纯木结构构造节点简化研究为导向，综合研究方榫方卯节点构造工况稳定性和圆榫圆卯节点构造加工高效性，设计出了具有实践意义的“方-圆节点”体

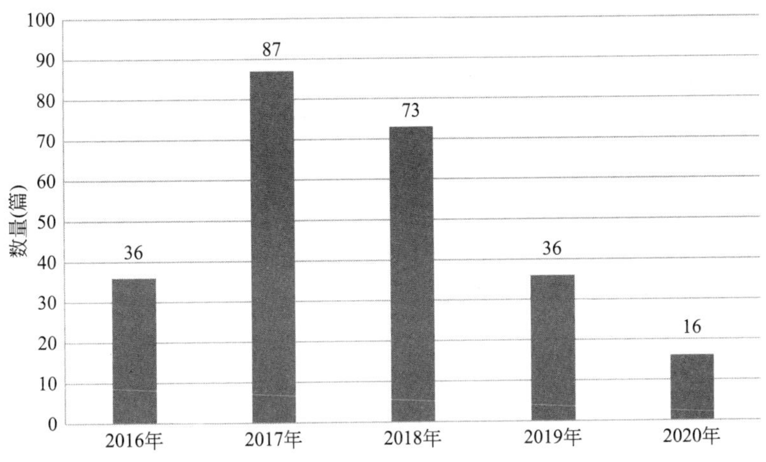

图 2-41 2016—2020 年木结构装配式建筑论文发表情况

系（图 2-42），对“方-圆节点组”框架进行了组装验证。研究过程中发挥计算机编程的精准性优势，用程序驱动机械臂进行准确操作，通过实物模型加工验证的方式，验证了圆榫作为锚固构件的有效性。研究从数字建造层面对纯木结构构造具有创新意义，对探索和推进装配式木结构建造体系具有实践意义。

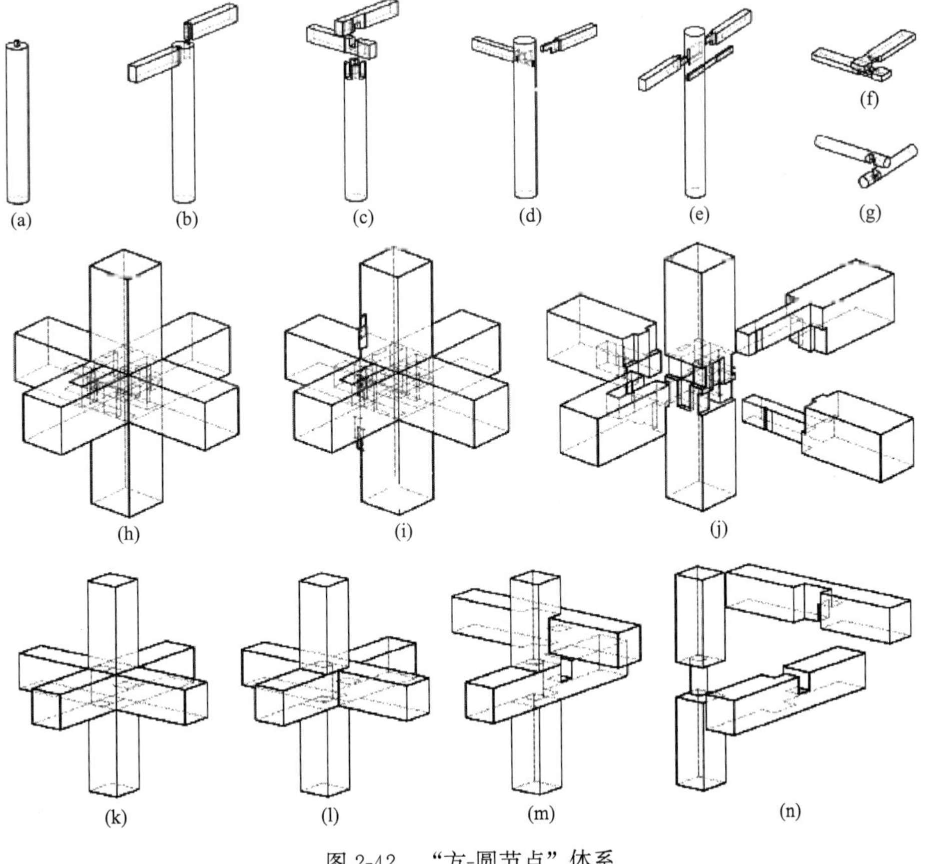

图 2-42 “方-圆节点”体系

2. 太阳能建筑装配式轻型木结构设计[21]

厦门大学建筑与土木工程学院的陈兰英、庄诗潮介绍了一种应用于太阳能建筑的保温承重一体化组合构件和装配式轻型木结构及连接节点设计。该项目保温性能好，结构受力明确，具备良好的承载和变形能力，且装配快速、便捷，如图 2-43 所示。

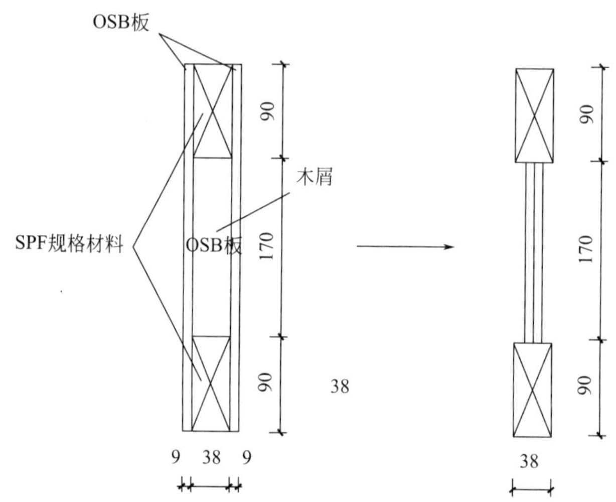

图 2-43　保温承重一体化组合构件设计之新型空心组合单元及计算等效断面（mm）

2.2.4　装配式桥梁

以“主题：装配＋预制”AND“主题：桥梁”AND“分类号：U44”为搜索条件，根据中国知网查询结果，近 5 年间，与“装配式桥梁”主题相关的论文数量整体呈上升趋势。根据内容相关程度删减后，2020 年共发表装配式桥梁相关论文 498 篇，包括期刊论文 445 篇，学位论文 47 篇，会议论文 6 篇，如图 2-44、图 2-45 所示。

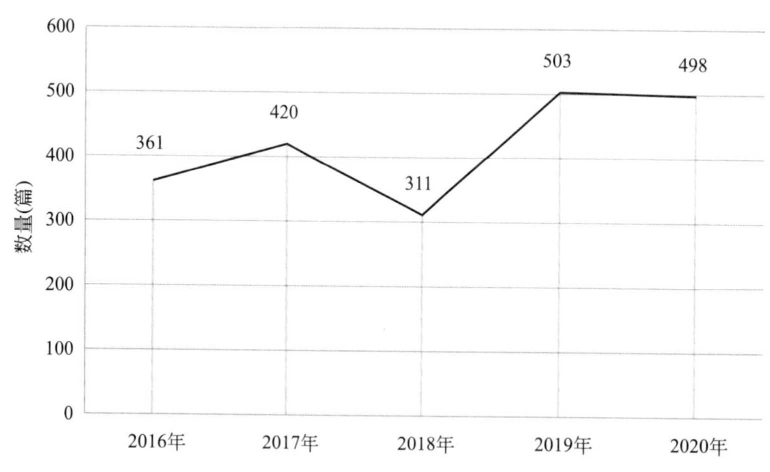

图 2-44　2016—2020 年“装配式桥梁”主题相关论文发表情况

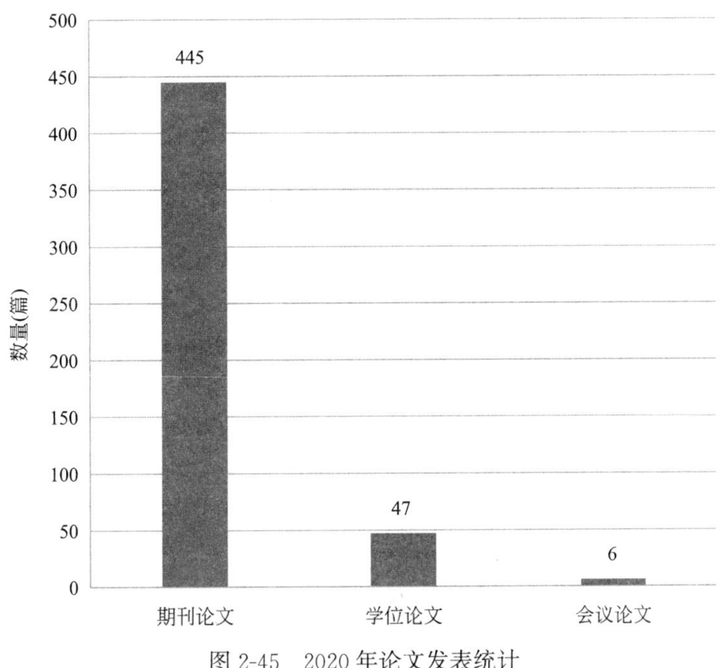

图 2-45　2020 年论文发表统计

2020 年发文数量前 10 的研究机构及其发文量如图 2-46 所示。

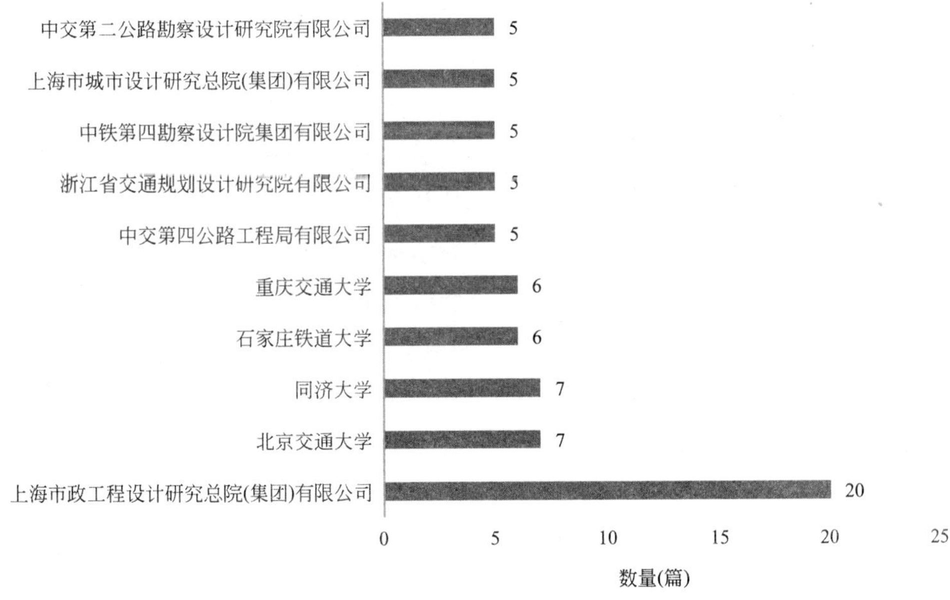

图 2-46　2020 年各机构与“装配式桥梁”主题相关论文分布情况

进一步对论文研究内容进行分析可知，施工技术相关的论文最多占总数的 45%。其次是与体系相关的论文占 20%，再次是与部品相关论文占 14%。此外，也有一些综述类文献与桥梁维护管理方面的论文。分类统计结果如图 2-47 所示。

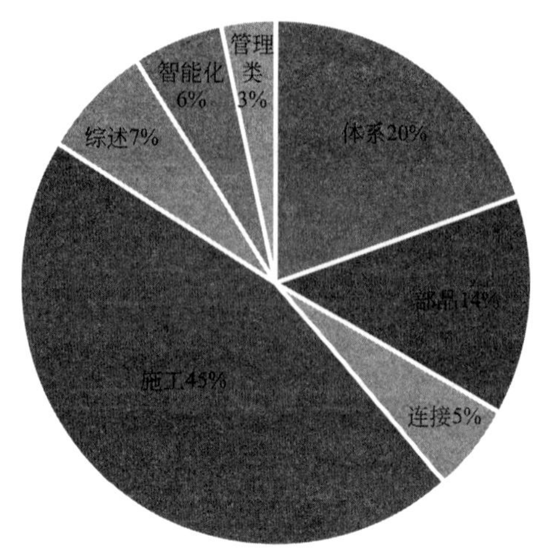

图 2-47　论文数量根据不同技术类型分类统计

下面选取建筑工业化领域中有代表性的装配式桥梁研究进行简单介绍。

1. 基于新型波纹管连接构造的预制拼装桥墩地震破坏机理的试验研究[22]

图 2-48　新型波纹管设计图

同济大学的《基于新型波纹管连接构造的预制拼装桥墩地震破坏机理的试验研究》。

预制拼装桥梁在近年来获得了越来越多的关注，但在连接构造的创新性上略显不足。该研究提出了一种新型的预制拼装桥墩连接构造，对波纹管的材料及尺寸进行了重新设计，并在连接处设置凹槽，以增加连接的强度与可靠性（图 2-48）。通过两阶段的试验对连接构造的性能以及桥墩的地震破坏机理进行研究，并与现浇构件进行对比。试验结果表明，新型的连接构造能够保持较好的整体性，预制拼装桥墩与现浇桥墩的地震破坏机理与抗震性能类似。

2. 变截面连续刚构桥梁 0 号块托架设计[23]

云南省建设投资控股集团有限公司的《变截面连续刚构桥梁 0 号块托架设计》。

随着基础设施建设的发展，公路选线更加趋向于直线化，出现许多跨江、跨壑、跨河桥梁，实际工程的桥梁比例也随之升高，变截面连续刚构桥梁 0 号托架施工也得到广泛应用。在考虑一定经济指标的前提下，设计合理托架，并通过空间有限元分析软件 MIDAS / Civil 建模分析，以保证构件强度、刚度及稳定性等施工安全要求，成为整个连续刚构桥梁施工的重要环节。以某变截面连续刚构桥梁施工为载体，针对 76m 高墩进行 0 号块施工托架设计，结合实际施工环境和特点，以施工安全质量为主线，采用托架施工临时受力结构，并通过空间有限元分析软件 MIDAS/Civil 建模分析验算，不断深化施工过程的标准化、信息化、规范化，如图 2-49 所示。

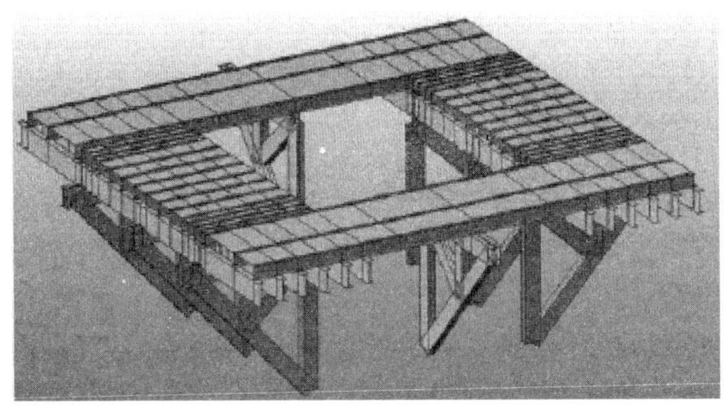

图 2-49 MIDAS/Civil 建模模型

3. 预制大悬臂预应力 UHPC 薄壁盖梁抗弯性能的试验研究[24]

湖南大学与上海市城市建设设计研究总院（集团）有限公司的《预制大悬臂预应力 UHPC 薄壁盖梁抗弯性能的试验研究》。

为解决传统混凝土盖梁自重大、难以实现全预制拼装的技术难题，文章提出一种全预制轻型预应力超高性能混凝土（UHPC）大悬臂薄壁盖梁结构，自重减轻 40%左右。为探究该结构性能，结合实际工程，设计一片 1∶2 大比例缩尺模型，并完成全过程加载测试，深入研究结构的初裂弯矩、名义开裂弯矩及抗弯承载力的计算方法。同时，采用 ABAQUS 软件中的塑性损伤（CDP）模型进行仿真分析。结果表明：①新型 UHPC 盖梁具有良好的受力和变形性能，抗裂性能良好，裂缝具有多元分布特征；②根据该方法计算得到的抗弯承载力和开裂弯矩与试验结果吻合良好，且偏于安全，建议计算初裂弯矩和名义开裂弯矩时塑性影响系数分别取 1.0 和 2.0；③实际工程中适当增加预应力钢筋，减少普通钢筋，有助于提高结构受力性能。试验梁整体布置图如图 2-50 所示。

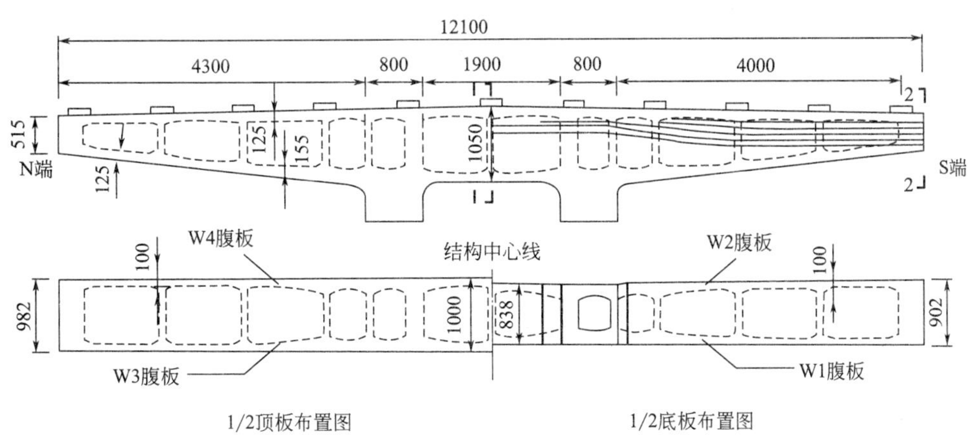

图 2-50 试验梁整体布置图（mm）

2.2.5 智能建造

《教育部关于公布2017年度普通高等学校本科专业备案和审批结果的通知》（教高函〔2018〕4号）公告，首次将智能建造纳入我国普通高等学校本科专业。自2017年以来，全国已有44所高校开设此专业课程。智能建造专业以土木工程专业为基础，面向国家战略需求和建筑业的升级转型，融合机械设计制造及其自动化、电子信息及其自动化、工程管理等专业发展而成为新工科专业。

智能建造领域，以"BIM+装配式建筑""物联网+装配式建筑""云计算+装配式建筑""大数据+装配式建筑""人工智能+装配式建筑"为关键词，在中国知网进行硕博论文搜索。2020年，装配式建筑智能建造方面的硕博论文共计27篇，如图2-51所示。从2020年硕博论文完成机构来看，如图2-52所示，安徽建筑大学、南昌大学、河北工程大学、山东建筑大学、西安科技大学为智能建造硕博文论完成数量前5名。硕博论文主要集中在BIM技术和装配式建筑的应用结合方面。

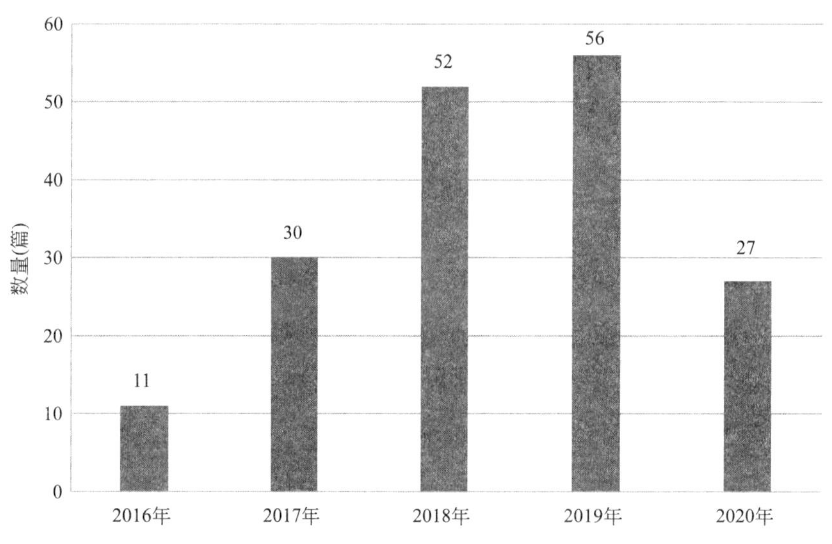

图2-51 装配式建筑智能建造硕博论文年度分布

在核心论文方面，以"BIM+装配式建筑""物联网+装配式建筑""云计算+装配式建筑""大数据+装配式建筑""人工智能+装配式建筑"为关键词，在中国知网进行核心论文的搜索，如图2-53所示，2020年发表装配式建筑智能建造领域相关核心论文共计16篇，主要集中在BIM技术和装配建筑管理以及BIM技术和预制构件管理方面。

下面就2020年关于智能建造代表性的研究进行简单介绍。

1. 基于BIM的装配式建筑设计方法研究

西安科技大学的杨宇沫对装配式建设项目系统要素、系统环境及在BIM环境下的实

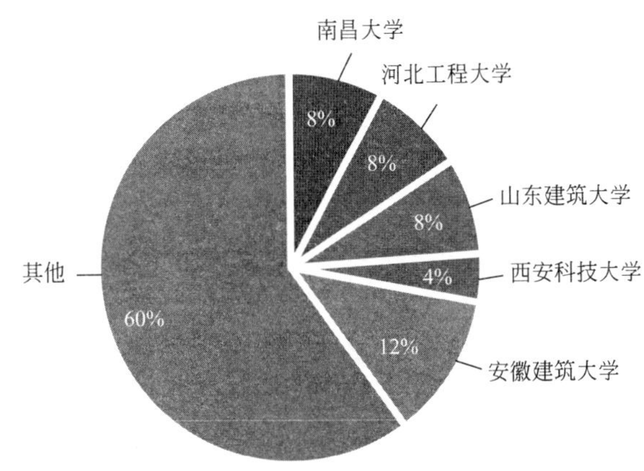

图 2-52　2020 年装配式建筑智能建造硕博论文完成机构分布

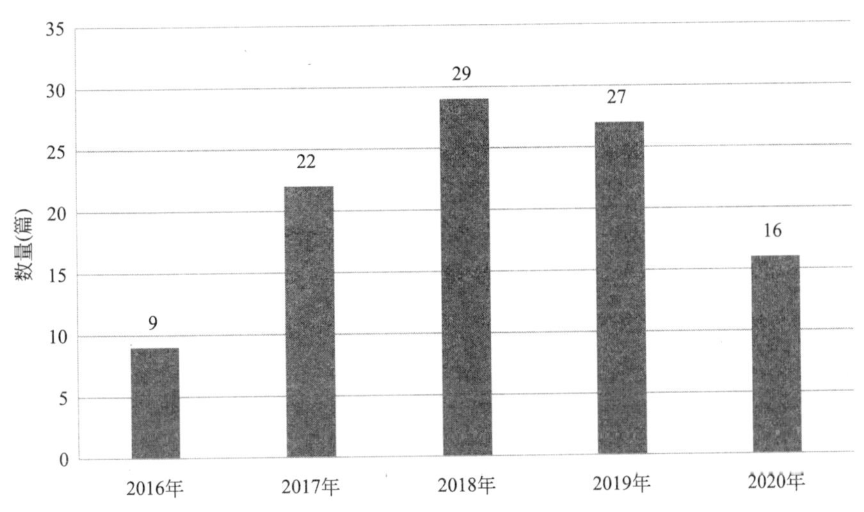

图 2-53　2016—2020 年装配式建筑智能建造核心期刊论文年度分布

现进行了研究，构建了基于 BIM 的装配式建筑智慧建造管理体系。另外，运用 I-AHP 熵权法组合赋权法进行基于 BIM 的装配式建筑智慧建造管理体系有效性评价指标权重计算，通过研究结论从标准规范、建设模式、信息平台建造、建设环境入手，提出了提高装配式建筑智慧建造管理水平的建议[25]。

安徽建筑大学的戴明立将 BIM 技术应用到装配式建筑的全过程管理中，按照装配式建筑的全生命周期，将其全过程管理分为前期准备阶段、设计阶段、生产阶段、施工阶段和运营阶段，并且分析了 BIM 技术在每一个阶段中的应用细节[26]。

2. 基于 BIM 的预制构件管理

河北工程大学的孙智浩结合某项工程实例，分析并研究构件生产过程中应用 BIM 技术实现的质量控制。另外，基于可视化特点实现在混凝土浇筑前构件的检验，结合二维码技术实现脱模后的质量检验。总结 RFID 为 PC 构件生产所带来的帮助与价值，通过 BIM 与 RFID 技术的结合，在堆放和运输阶段实现跟踪复查，实现构件高效的质量追溯。另外通过 Revit 建立构件厂堆场的三维模型，在三维模型中指导堆场的排布与优化[27]。

北京建筑大学的李昊基于 C# Visual Studio 编译器进行了 Revit 模型碰撞检查插件的二次开发，解决了多专业模型碰撞查找问题；基于 PC 构件模块化设计方法及 Revit 二次开发技术，编写 PC 构件参数化建模插件，提高了 PC 构件模型创建效率，并使用 ODBC 与 SQL Server2005 数据库管理平台解决了模型导出问题；基于 Python 语言及 C4.5 决策树算法，对模型碰撞数据进行数据分析，得到了决策树模型与算法规则，探究了模型数据在决策树算法中的应用[28]，如图 2-54 所示。

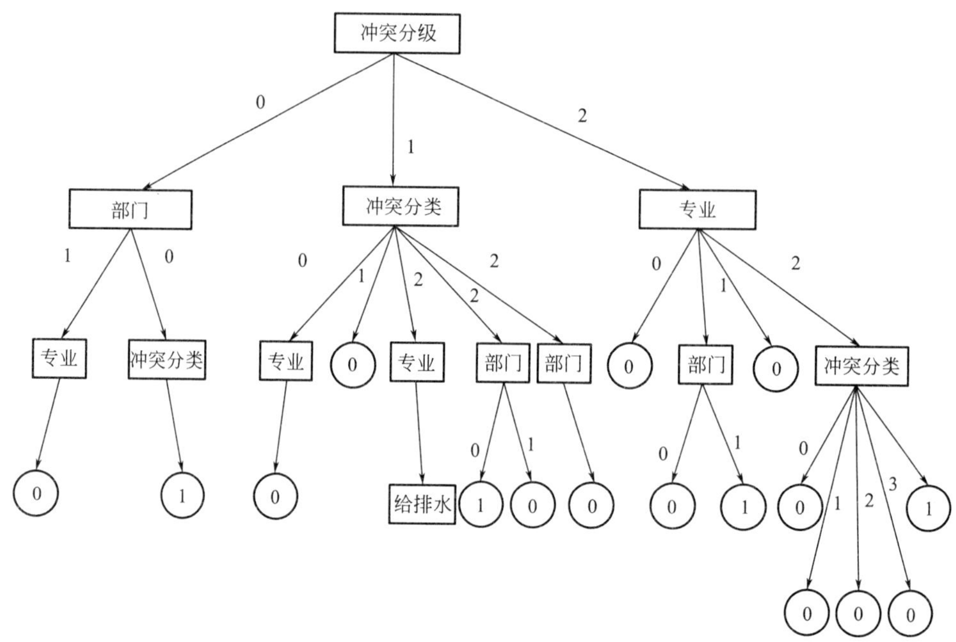

图 2-54　剪枝后 C4.5 决策树模型

3. 物联网技术与装配式建筑的应用融合[29]

西安建筑科技大学的刘晓惠等人以精益管理思想和智慧化管理为研究基础，以目前装配式建筑在管理过程中存在的障碍为出发点，构建了基于精益管理的装配式建筑智慧化管理体系，将“精益管理”和“智慧化管理”共同运用于装配式建筑的管理过程中，进而建立了基于精益管理的装配式建筑智慧化管理体系；利用方法对影响体系运行的因素进行分析，识别出 18 项影响因素，将影响因素分为 5 大类别，并且提出了 4 个方面的应对措施，使得该体系能够更加有效地运行，如图 2-55 所示。

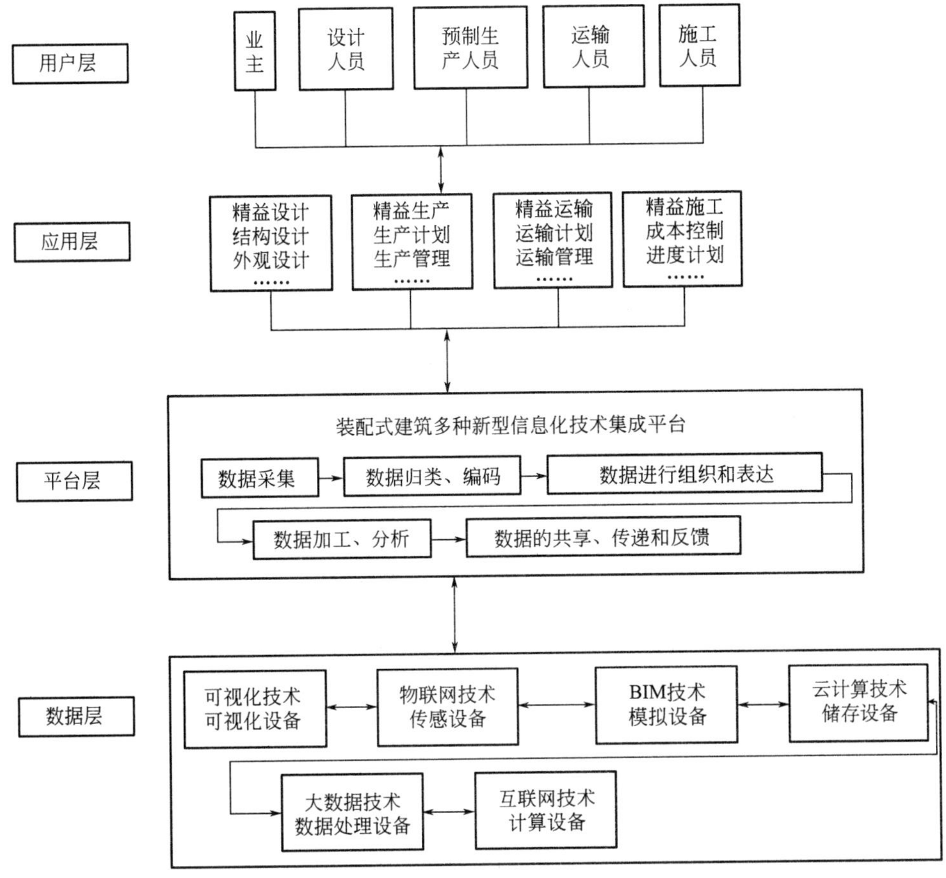

图 2-55 基于精益管理的装配式建筑智慧化管理体系

2.3 新技术标准

利用相关关键词，搜索出 2020 年相关建筑工业化的新技术标准。在 2020 年，钢结构装配式建筑相关的新技术标准总计 23 部，装配式混凝土建筑相关的新技术标准总计 22 部，木结构装配式相关的新技术标准总计 5 部，装配式桥梁相关的新技术标准总计 12 部，与智能建造相关的新技术标准总计 5 部，如图 2-56 所示。

2.3.1 钢结构装配式建筑

在市场主导、政府推动的基本原则下，各地积极制定政策措施，逐步健全技术标准体系，有效推动了装配式建筑快速发展。目前涉及钢结构建筑共有标准 307 部，现行标准有 237 部，作废标准有 51 部，废除标准 17 部，即将实施标准 2 部。2020 年公布钢结构装配式相关建筑技术标准共计 23 部，见表 2-1。

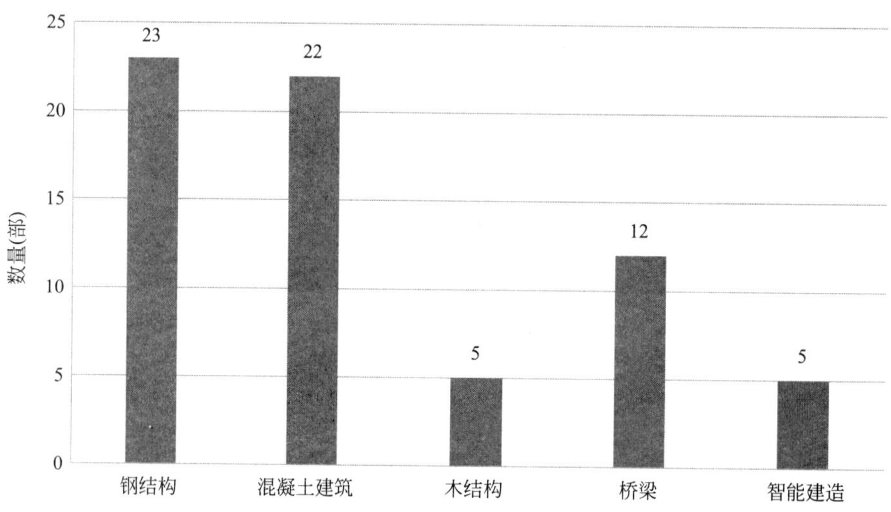

图 2-56　2020 年相关建筑工业化的新技术标准

2020 年公布钢结构装配式相关建筑技术标准　　　**表 2-1**

序号	标准编号	名称	标准类型
1	DB 32/T 3893—2020	人民防空工程防护设备钢结构防腐涂装技术规范	江苏省地方标准
2	DB 11/T 1746—2020	钢结构住宅技术规程	北京市地方标准
3	T/SSEA 0085—2020	建筑结构用耐火钢板	团体标准
4	HG/T 20720—2020	工业建筑钢结构用水性防腐蚀涂料施工及验收规范	行业标准
5	GB 50205—2020	钢结构工程施工质量验收标准	国家标准
6	JGJ/T 483—2020	高强钢结构设计标准	行业标准
7	T/CEC 332—2020	钢结构间接空冷塔技术规范	团体标准
8	T/CECS 24—2020	钢结构防火涂料应用技术规程	团体标准
9	T/CECS 667—2020	钢结构水性防腐蚀涂料应用技术规程	团体标准
10	T/CSCS 009—2020	钢结构滑移施工技术标准	团体标准
11	XF/T 3012—2020	钢结构防火保护板	行业标准
12	GB/T 38808—2020	建筑结构用波纹腹板型钢	国家标准
13	GB/T 38713—2020	海洋平台结构用中锰钢钢板	国家标准
14	YB/T 4830—2020	热轧帽型钢	行业标准
15	YB/T 4832—2020	重型热轧 H 型钢	行业标准
16	YB/T 4836—2020	结构用高频焊接薄壁 H 型钢	行业标准
17	YB/T 4831—2020	厚度方向性能热轧 H 型钢	行业标准
18	GB/T 38875—2020	核电用耐高温抗腐蚀低活化马氏体结构钢板	国家标准
19	SY/T 6773—2020	海上结构热机械控轧(TMCP)钢板规范	行业标准

续表

序号	标准编号	名称	标准类型
20	T/CECS 709—2020	波纹钢板组合框架结构技术规程	团体标准
21	T/SSEA 0061—2020	煤矿液压支架用高强度钢板和钢带	团体标准
22	DB 11/T 1727—2020	火灾后钢结构损伤评估技术规程	北京市地方标准
23	DB 43/T 1774.1—2020	陆上风力发电机组防腐蚀技术规范 第1部分：钢结构零部件	湖南省地方标准

其中《建筑结构用耐火钢板》由中国特钢企业协会提出并归口，冶金工业规划研究院作为标准组织协调单位。根据中国特钢企业协会团体标准化工作委员会团体标准制修订计划，由南京钢铁股份有限公司、钢铁研究总院、智聚装配式绿色建筑创新中心南通有限公司、冶金工业规划研究院等单位共同参与起草。标准的设计与编制主要以问题与需求为导向，切实从建筑结构用耐火钢板生产需要出发，进一步确定产品化学成分控制指标、力学性能等技术指标要求，强化了细分领域标准，规定了建筑结构用耐火钢板的术语和定义、牌号表示方法、订货内容、尺寸、外形、重量及允许偏差、技术要求、试验方法、检验规则、包装、标志及质量证明书，适用于建筑结构用具有抗震耐火性能的厚度不大于100mm的钢板。标准强化了上下游行业间的衔接和联系，为建筑结构用耐火钢板制造领域提供基础材料保障，有助于产业链的协同发展。该标准的实施符合我国钢铁工业由高速度发展向高质量发展的整体趋势，能够为我国钢铁产业高质量发展提供有力支撑，使原料生产企业充分满足下游行业对基础材料产品的升级需要，引导双方形成合力，共同助力我国钢铁行业快速发展。

2.3.2 装配式混凝土结构建筑

2015年以前，每年颁布实施的全国性装配式建筑标准数量较少，装配式建筑的发展也较为缓慢。2015年和2016年共颁布实施50部装配式建筑标准，其数量较之前明显增多，但在2017年出现回落，仅颁布实施了14部装配式建筑标准。2018年出现增长，颁布实施了25部装配式建筑标准，2019年出现回落，颁布实施了19部装配式建筑标准。在2020年装配式混凝土相关技术标准共颁布22部，其中行业标准1部，地方标准8部，团体标准13部，如图2-57所示。

随着我国建筑工业化进程的不断加快，近年来发布的行业标准、中国工程建设标准化协会（CECS）标准等数量明显增多，为建筑工业化的发展提供了技术支持。各省、自治区、直辖市也积极响应国家的政策，相继制定了地方的装配式建筑发展目标，并且基于各省、自治区、直辖市特点，正在加快制定和完善装配式建筑相关的地方标准。同时，相关企业也发布了装配式建筑相关的企业标准。总体看来，我国的建筑工业化在不断发展，从国家到地方再到企业都在大力建设和完善建筑工业化技术标准体系，如表2-2所示。

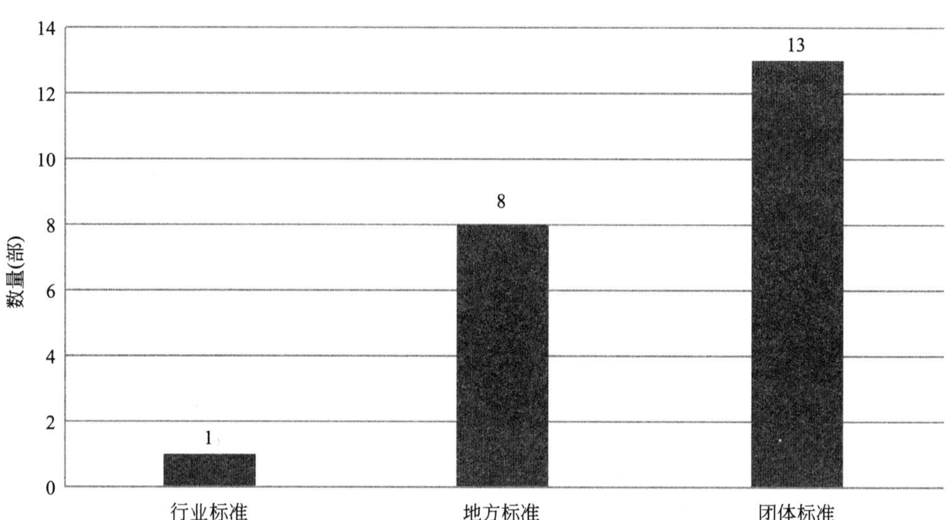

图 2-57　2020 年装配式建筑混凝土相关标准颁布情况

2020 年装配式建筑相关标准规范清单　　表 2-2

序号	标准编号	名称	标准类型
1	DB 21/T 2568—2020	装配式混凝土结构构件制作、施工与验收规程	辽宁省地方标准
2	DB 32/T 3753—2020	江苏省装配式建筑综合评定标准	江苏省地方标准
3	DB 4401/T 86—2020	装配式混凝土结构工程施工技术规程	广州市地方标准
4	DB 4401/T 87—2020	装配式混凝土结构工程监理规程	广州市地方标准
5	DB 4401/T 88—2020	装配式建筑施工现场安全技术规程	广州市地方标准
6	DB 34/T 810—2020	叠合板式混凝土剪力墙结构技术规程	安徽省地方标准
7	DB 41/T 2083—2020	装配式预应力箱梁整体式液压模板施工规范	河南省地方标准
8	DB 32/T 3915—2020	装配式混凝土结构现场连接施工与质量验收规程	江苏省地方标准
9	T/SCQA 205—2020	蒸压轻质混凝土(ALC)双拼墙板应用技术规程	团体标准
10	RB/T 058—2020	装配式建筑部品与部件认证通用规范	行业标准
11	T/CECS 10092—2020	角部连接装配式轻体板房屋用墙板和楼板	团体标准
12	T/CECS 10096—2020	装配式预涂无机饰面板	团体标准
13	T/CECS 10111—2020	L 型构件装配式排气道	团体标准
14	T/CECS 683—2020	装配式混凝土结构套筒灌浆质量检测技术规程	团体标准
15	T/CECS 696—2020	混凝土空心砌块装配式砌体墙应用技术规程	团体标准
16	T/CECS 708—2020	角部连接装配式轻体板房屋技术标准	团体标准
17	T/CECS 715—2020	钢筋桁架混凝土叠合板应用技术规程	团体标准

续表

序号	标准编号	名称	标准类型
18	T/CECS 731—2020	装配式支吊架系统应用技术规程	团体标准
19	T/CECS 742—2020	装配式混凝土结构超低能耗居住建筑技术规程	团体标准
20	T/CECS 760—2020	L型构件装配式排气道系统应用技术规程	团体标准
21	T/CECS 745—2020	装配式幕墙工程技术规程	团体标准
22	T/CECS 784—2020	装配式建筑用门窗技术规程	团体标准

2.3.3　木结构装配式建筑

2020年公布的木结构装配式建筑相关标准共计5部，如表2-3所示。

木结构装配式建筑相关标准　　表2-3

序号	标准编号	名称	标准类型
1	GB/T 50165—2020	古建筑木结构维护与加固技术标准	国家标准
2	DB33/T 1204—2020	木结构工程施工质量验收检查用表标准	浙江省地方标准
3	T/CECS 658—2020	工业化木结构构件质量控制标准	团体标准
4	T/CECS 659—2020	标准化木结构节点技术规程	团体标准
5	JGJ/T 488—2020	木结构现场检测技术标准	行业标准

2.3.4　装配式桥梁

以“装配＋桥梁”或“钢＋桥梁”为关键词统计可得，2020年装配式桥梁方面新发布的相关标准有12部，如表2-4所示。

装配式桥梁相关标准规范清单　　表2-4

序号	标准编号	名称	标准类型
1	Q/CR 749.1—2020	铁路桥梁钢结构及构件保护涂装与涂料　第1部分:钢梁	行业标准
2	Q/CR 749.2—2020	铁路桥梁钢结构及构件保护涂装与涂料　第2部分:支座	行业标准
3	Q/CR 749.3—2020	铁路桥梁钢结构及构件保护涂装与涂料　第3部分:附属钢结构	行业标准
4	T/CECS G:D 60—30—2020	公路波形钢腹板组合桥梁技术规程	团体标准
5	T/CECS G:D 60—31—2020	公路耐候钢混凝土组合桥梁技术规程	团体标准
6	T/SSEA 0058—2020	桥梁隧道结构用热轧工字钢	团体标准
7	TB/T 3556—2020	铁路桥梁用结构钢	团体标准
8	YB/T 4875—2020	绿色设计产品评价技术规范　桥梁用结构钢	团体标准

续表

序号	标准编号	名称	标准类型
9	DB 32/T 3820—2020	公路桥梁钢箱梁预防养护规范	江苏省地方标准
10	DB 34/T 3588—2020	桥梁波形钢腹板预应力混凝土箱梁施工技术规程	安徽省地方标准
11	DB 33/T 2283—2020	公路钢板混凝土组合梁桥设计规范	浙江省地方标准
12	DB 34/T 3676—2020	双主梁钢板组合梁桥设计与施工指南	安徽省地方标准

2.3.5 智能建造

随着近几年来我国对建筑业智能建造发展的日益重视，关于智能建造方面的相关标准也日益完善。其中主要是关于建筑信息模型（BIM）的标准。2020年发布关于BIM的地方标准4部，行业标准1部，如表2-5所示。

2020年发布的BIM地方和行业标准 **表2-5**

序号	标准编号	名称	标准类型
1	DBJ 43/T 012—2020	湖南省建筑信息模型审查系统数字化交付数据标准	湖南省地方标准
2	DBJ 43/T 011—2020	湖南省建筑信息模型审查系统模型交付标准	湖南省地方标准
3	DBJ 43/T 010—2020	湖南省建筑信息模型审查系统技术标准	湖南省地方标准
4	T/CCIAT 0021—2020	建筑信息模型(BIM) 智能化产品分类和编码标准	团体标准
5	DB13(J)/T 8337—2020	建筑信息模型交付标准	河北省地方标准

3 建筑工业化产业发展情况

3.1 行业相关企业统计

3.1.1 钢结构企业产业发展情况

1. 企业基本情况

2020 年，住房和城乡建设部等 9 部门印发《关于加快新型建筑工业化发展的若干意见》，提出大力发展钢结构建筑。鼓励医院、学校等公共建筑优先采用钢结构，积极推进钢结构住宅和农房建设，推动钢结构建筑关键技术和相关产业全面发展。这些利好政策和诸多扶持举措推动了钢结构产业进一步升级，各地涌现出一批钢结构制造企业。

在天眼查以"钢结构"为关键词，行业选取"结构性金属制品制造""建筑、安全用金属制品制造""铸造及其他金属制品制造"以及"钢压延加工"，选取成立年限为 2016—2020 年，共搜索到 5952 家注册资金 1000 万以上的中大型钢结构设计、生产相关企业。从时间来说，每年新增钢结构生产企业数量总体稳步上升，2020 年增长速度出现了下降，考虑为新型冠状病毒肺炎疫情影响，如图 3-1 所示。从区域分布上看，钢结构生产企业发展存在不均衡现象，大部分集中在东南沿海地区，与我国经济发展情况相吻合，如图 3-2 所示。

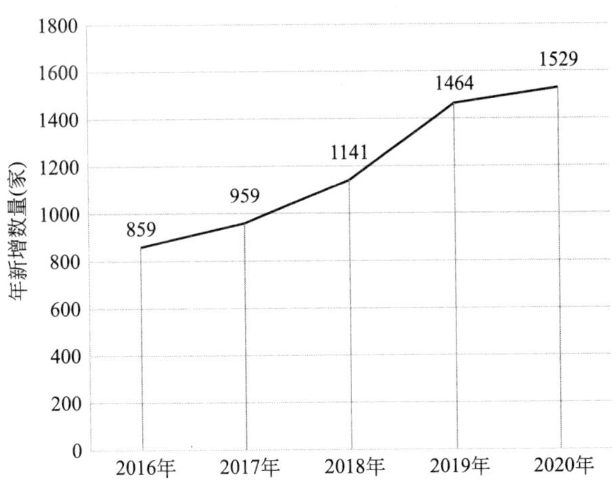

图 3-1 2016—2020 年新增钢结构生产企业数量

取消注册资本限制，选取成立年限为2020年，新增钢结构设计、生产相关企业共有10501家。注册资金1000万以上的中大型企业有1529家，其他为中微小企业。行业生产型企业总数小，集中度不高。从区域分布上看，大部分新增钢结构生产企业集中在江苏、广东、山东、河北等沿海地区以及安徽省。此外，在7个试点省份中，山东省新增企业数量名列前茅，河南、湖南、四川3省新增企业数量也较为可观，如图3-3所示。

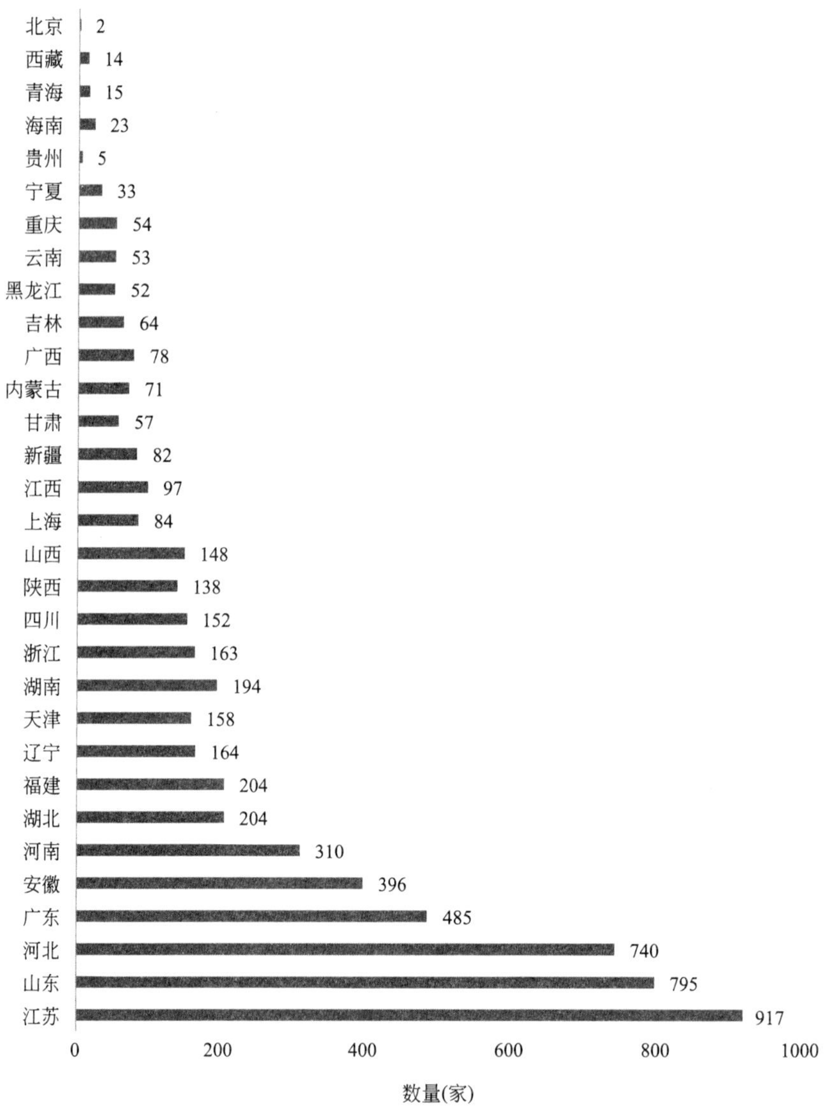

图3-2　2016—2020年新成立的钢结构企业地域分布情况

对行业相关企业进行分析，目前钢结构装配式相关行业上市公司一共有50多家，包括精工钢构、东南网架、杭萧钢构、鸿路钢构、富煌钢构等，表3-1及图3-4为2016—2020年5家上市企业营收变化情况。5家企业营收情况均呈上升趋势，其中鸿路钢构由

2016 年的第四位攀升至 2019 年、2020 年的第一位，上升势头最猛。

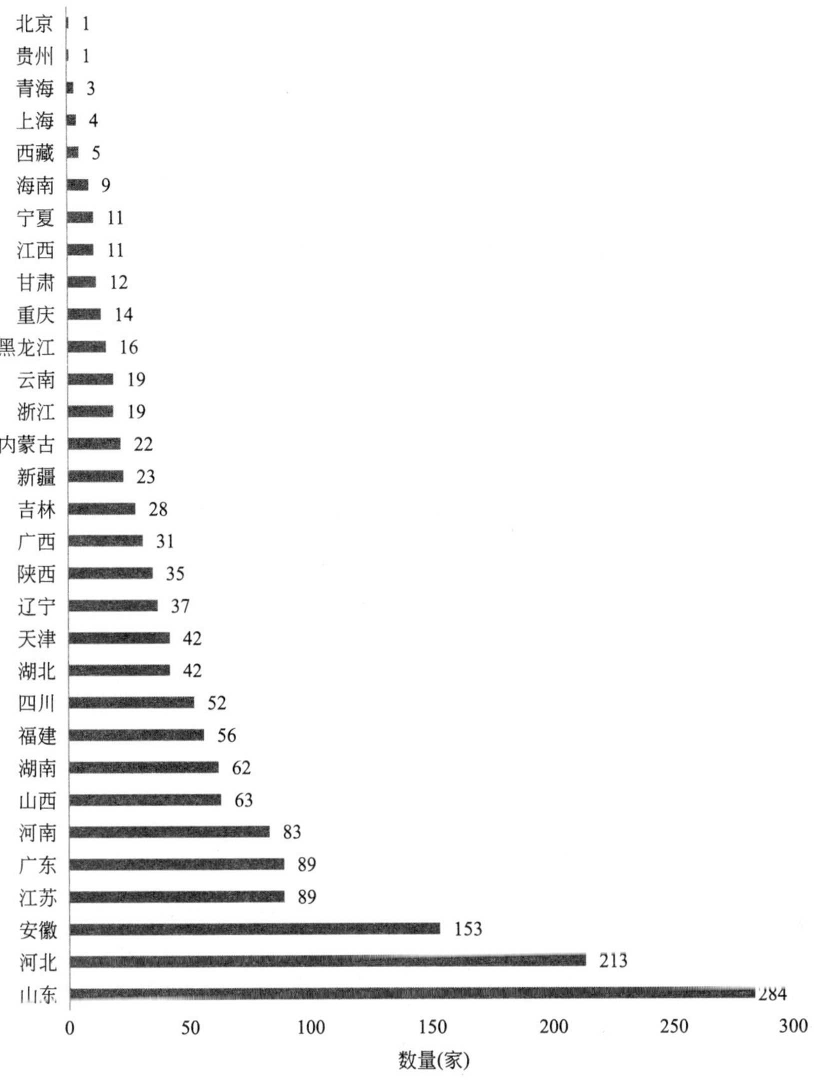

图 3-3 2020 年新增钢结构企业地域分布情况

2016—2020 年 5 家钢结构上市企业营业收入 **表 3-1**

年份	精工钢构		东南网架		杭萧钢构		鸿路钢构		富煌钢构	
	营业收入（亿元）	增长 %	营业收入（亿元）	增长 %	营业收入（亿元）	增长 %	营业收入（亿元）	增长 %	营业收入（亿元）	增长 %
2016	60.71	−15.74	57.38	10.43	42.39	14.61	36.21	13.40	23.82	59.33
2017	65.33	7.61	77.92	35.80	46.28	6.66	50.33	38.99	28.13	18.09
2018	86.31	32.11	86.95	11.59	61.84	33.62	78.74	56.45	35.32	25.56
2019	102.35	18.58	89.76	3.23	66.33	7.26	107.55	36.59	37.40	5.89
2020	115.32	12.67	92.56	3.12	81.39	22.70	134.51	25.07	42.86	14.60

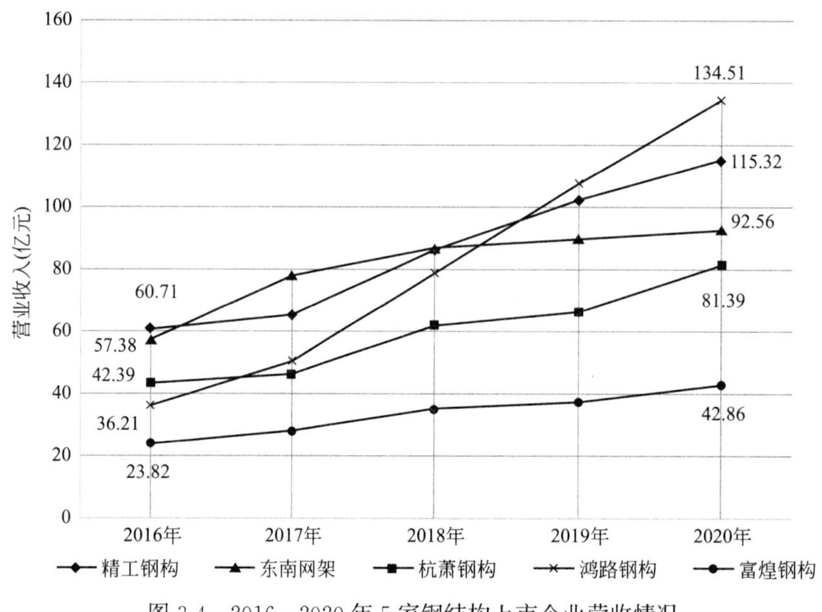

图 3-4　2016—2020 年 5 家钢结构上市企业营收情况

从承包模式来看，目前钢结构项目在总承包（EPC）项目中占比提升，本身规模有增长，另一方面钢结构公司作为总承包方可将钢结构以外的项目分包出去，因此，同样的垫资规模可撬动成倍的订单体量。2020 年全年，鸿路钢构、精工钢构、东南网架、杭萧钢构、富煌钢构累计新签合同额同比分别增长 16.2%、30.8%、28.0%、16.9%、19.9%。

2. 典型企业介绍

（1）中建科工集团有限公司

中建科工集团有限公司主攻“高、大、新、特”工程，主营业务为高端房建、基础设施工程，通过钢结构专业承包、EPC、PPP 等模式，在国内外承建了一大批体量大、难度高、工期紧的标志性建筑，连续 9 年蝉联建筑钢结构行业竞争力 50 强企业榜单首位。

科研创新方面，企业在钢结构智能制造及智能焊接、超高层结构综合施工、大跨度结构综合施工、钢结构桥梁综合施工、钢结构装配式建筑技术、新型城市静态交通、智慧停车、既有建筑改造及城市更新、钢结构全生命周期信息化管理、BIM 应用、智能测绘测量及智慧工地 12 大领域均取得了一定成就。

（2）上海宝冶集团有限公司

上海宝冶集团有限公司始建于 1954 年，是世界 500 强企业中国五矿集团有限公司和中冶集团旗下的核心骨干子企业，拥有中国第一批房屋建筑、冶炼工程施工总承包特级资质以及国内多项施工总承包和专业承包最高资质，业务覆盖研发、设计、生产、施工全产业链，服务涵盖投资、融资、建设、运营全生命周期，是国家级高新技术企业、国家知识产权示范企业、国家企业技术中心、国家技术标准创新基地。2018 年顺利通过“上海品牌”认证，成为上海“四大品牌”战略中“上海服务”的优秀代表。

2020 年公司共获得 6 项国家优质工程奖，6 项中国钢结构金奖以及 1 项中国安装工程优质奖。

3.1.2 PC 构件工厂产业发展情况

1. 企业基本情况

对 PC 构件工厂的统计主要通过启信宝的数据获得，以“预制混凝土构件”为经营范围的关键词进行筛选，再以“存续”“注册资本 1000 万以上”“非金属矿物制品业”“截至成立日期”为筛选条件，在剩余的结果中进行筛选，并对最终的统计结果进行分析。

图 3-5 为 2016—2020 年全国存续的注册资本 1000 万以上的 PC 构件工厂累计数量，基本呈线性增长。截至 2020 年底，全国存续的注册资本 1000 万以上的 PC 构件厂达 3668 家，同时，根据相关统计，全国规模在 3 万 m^3 以上的 PC 构件工厂已超过 1200 家，近 3 年新建的 PC 构件工厂已超过 600 家。这与国家对装配式建筑的支持力度不断加大密不可分。

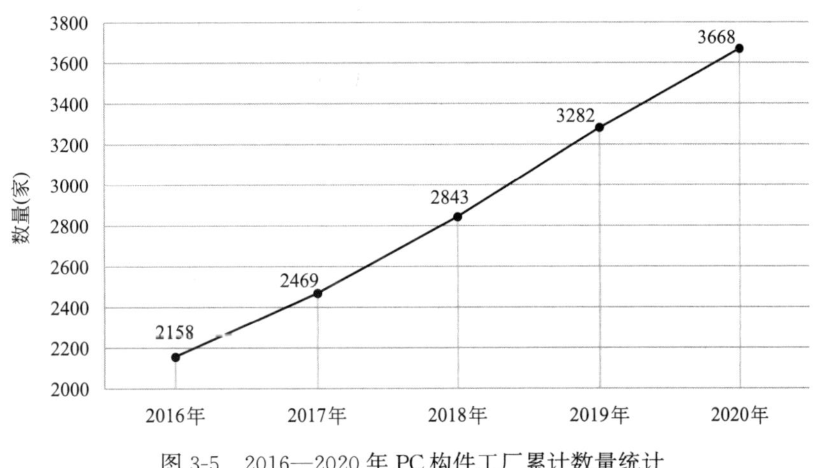

图 3-5 2016—2020 年 PC 构件工厂累计数量统计

进一步对筛选出的企业从各省、自治区、直辖市划分角度进行分析，2016—2020 年全国 PC 构件工厂累计的统计数据排名前十的分别是：安徽、广东、河北、河南、湖北、湖南、江苏、山东、四川、浙江，以长三角地区、中原地区、中南地区、珠三角地区为主；除上海、北京、青海外，其他各省、自治区、直辖市 PC 构件工厂均有新增，如表 3-2 所示。进一步分析重点省份，如图 3-6 所示，2016—2020 年，浙江、江苏两省增长趋势基本一致，2020 年仅新增 3 家；山东、河南两省增速较快，2019 年，山东省赶超江苏省，到 2020 年，其 PC 构件工厂数量全国领先达到 395 家，2020 年，河南省数据与江苏省齐平，均达到 336 家；广东省 2020 年工厂数量相较前几年明显增长加快。从全国各地数据来看，中原地区发展迅猛，长三角地区 2019 年增速开始平缓。

2016—2020年各省、自治区、直辖市PC构件工厂累计数量统计表（单位：家）　表3-2

省、自治区、直辖市 \ 年份	2016	2017	2018	2019	2020
安徽	126	141	176	206	237
北京	21	21	21	21	21
福建	46	51	56	59	62
甘肃	43	45	54	62	73
广东	133	157	185	208	247
广西	55	63	69	81	90
贵州	72	83	95	101	109
海南	8	10	10	11	11
河北	111	144	167	189	217
河南	139	170	215	278	336
黑龙江	26	28	33	40	41
湖北	82	89	98	116	136
湖南	78	88	101	117	135
吉林	36	44	51	56	69
江苏	240	263	297	333	336
江西	37	41	47	54	60
辽宁	56	62	66	78	87
内蒙古	55	58	64	73	83
宁夏	12	14	15	19	22
青海	13	13	13	13	13
山东	171	217	270	343	395
山西	59	67	76	83	92
陕西	65	75	87	96	102
上海	34	34	34	34	34
四川	102	113	128	140	160
天津	40	44	46	52	52
西藏	5	6	13	15	20
新疆	47	54	59	70	75
云南	66	78	82	93	109
浙江	154	168	185	207	210
重庆	26	28	30	34	34

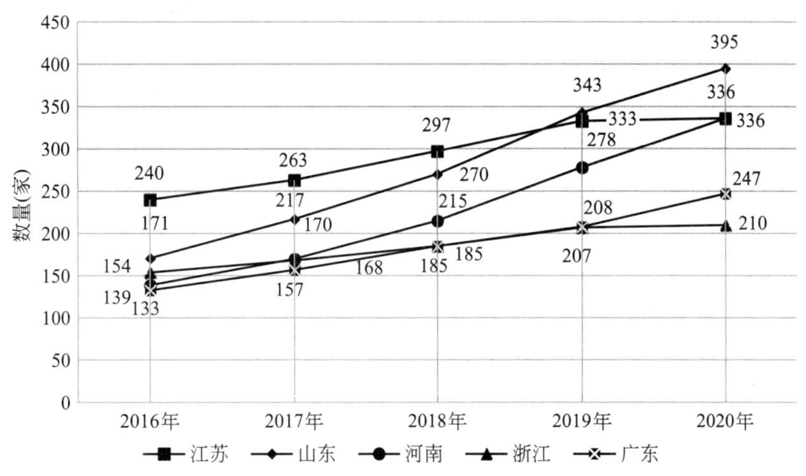

图 3-6　2016—2020 年全国重点地区 PC 构件工厂累计数量统计

2. 典型企业介绍

随着国家在装配式混凝土建筑领域的政策支持力度不断加大，国内装配式混凝土建筑的产业链条上，涌现出了一大批优秀的企业，涵盖了设计、生产、施工、研发等领域。有的企业作为行业的龙头，引领着行业发展的方向；有的企业着力解决行业发展过程中的痛点及难点问题，拥有较强的创新能力。

（1）三一筑工科技股份有限公司

三一筑工科技股份有限公司创立于 2016 年，致力于建筑工业化，定位于数字科技驱动的建筑工业化系统。公司自主开发的“空腔＋搭接＋现浇”（SPCS）核心体系，拥有自主专利，SPCS 3.0 可以实现主体结构全装配，地上地下、墙柱梁板全预制，如图 3-7 所示。源于三一集团的智能制造经验和工业互联网基础，三一筑工 SPCS 为客户提供智能装备和数字工厂、结构技术和相关标准、工业软件和共享平台。2020 年三一筑工实现销售 16.21 亿元，其中 PC 装备制造业务实现销售 8.01 亿元，构件制造等相关业务实现销售 8.20 亿元，利润总额 2.16 亿元。在 PC 装备制造领域，三一筑工 PC 装备在国内公开市场份额连续多年超 50%，共计销售 500 多条 PC 生产线。在 PC 构件制造领域，三一筑工共有 7 家独资工厂和 5 家合资工厂，在建及扩建工厂 2 家，拟建工厂 1 家，构件总设计产能达到 50 万 m^3/年，同时依托共享模式建立装配式构件联盟，已拓展联盟合作工厂超 50 家，服务范围覆盖京津冀、长三角、山东、湖南、福建、陕西、重庆等地区，可满足 300 万 m^3/年的构件需求。

（2）长沙远大住宅工业集团股份有限公司

长沙远大住宅工业集团股份有限公司（以下简称“远大住工”），是行业首家由工业和信息化部授牌的智能制造试点示范装配式建筑企业。2020 年远大住工实现销售 26.14 亿元，净利润 2.16 亿元；申请专利 256 项，其中发明专利申请 41 项，已授权 6 项；主编团

图 3-7　三一筑工 SPCS 体系

体标准 1 项，参编地方标准 1 项，参编团体标准 4 项。2020 年 10 月，远大美宅产品获得《绿色建筑节能推荐产品证书》。2021 年 3 月，远大住工模块化空间产品“BOX Modul”新品发布，如图 3-8 所示。该产品采用高科技硅基复合材料，突破时间、空间、土地的限制，可移动拆装、重复利用，交付周期缩短至以 h 为单位，最快可 1h 建成。

图 3-8　远大住工模块化空间产品“BOX Modul”

从产品供给、技术服务，到标准共建，远大住工已为超过 300 家房企客户提供装配式建筑整体解决方案，依托 PC 构件的一流制造能力和自主研发的国内装配式建筑领域首款基于 BIM 平台的正向设计软件 PC MakerⅠ，以及装配式建筑全流程数字化解决方案——PC-CPS 智能制造管理系统，远大住工打通了设计、制造、施工和运维全产业链的每一个环节，现已成为建筑业的工业化标准入口和智能服务平台。

3.1.3　建筑围护部品企业产业发展情况

1. 内围护部品企业基本情况

内围护部品主要指的是轻质墙板系列，根据轻质墙板的成型工艺和材料组成的不同，可细分为 ALC 轻质墙板、陶粒轻质墙板和轻钢龙骨轻质墙板。轻质墙板除了具有一定的抗震、抗剪以及抗扭要求外，更兼顾了防火、防潮、承载以及隔声，与传统的砌块相比，轻质墙板是一种成本低、生产自动化程度高、获得国家政策扶持、原材料来源广泛以及性能优异的绿色环保型建材。正是得益于轻质墙板这些绝对的优势，2020 年有更多的企业抓住了这一波轻质墙板发展的热潮，在装配式建筑内围护部品领域加大了研发生产的力度。图 3-9 为 2016—2020 年“注册资本 1000 万以上”“存续”“制造业”“非金属矿物制品业”且经营范围为“轻质墙板”的内围护部品企业的数量统计。可以看出，轻质墙板的企业数量呈线性增长趋势，这也得益于装配式建筑的迅速发展以及国家对于装配式领域的重视。

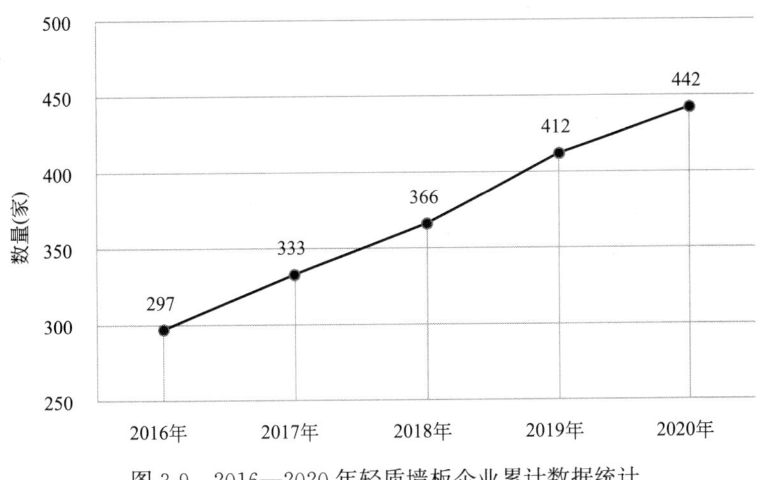

图 3-9　2016—2020 年轻质墙板企业累计数据统计

通过启信宝平台以“轻质墙板”为经营范围进行筛选，在筛选结果中选择“在业”或“续存”“注册资本 1000 万以上”“制造业”“非金属矿物制品业”，对 2016—2020 年内围护部品企业进行数据统计，得出各省、自治区、直辖市轻质墙板企业数据如表 3-3 所示。从表中可知，山东、江苏、安徽、河北以及广东 5 个省份的内围护部品企业数量在全国处于领先地位，因而可以推断在这些地区装配式建筑普及率较高，对轻质墙板的需求量较大。

2016—2020 年各省、自治区、直辖市轻质墙板企业数据表（单位：家）　　表 3-3

年份 省、自治区、直辖市	2016	2017	2018	2019	2020
山东	40	50	54	64	68
江苏	35	38	42	50	52
安徽	26	28	32	36	41
河北	22	25	26	32	41
广东	15	18	18	20	24
河南	10	10	12	14	15

续表

年份 省、自治区、直辖市	2016	2017	2018	2019	2020
湖南	8	10	12	15	15
浙江	13	15	15	15	15
陕西	11	11	13	13	13
甘肃	7	10	10	12	12
贵州	7	8	9	10	12
福建	10	11	11	11	11
山西	7	9	9	9	10
四川	5	5	7	9	9
辽宁	7	7	7	8	8
湖北	4	4	5	6	7
吉林	5	5	6	7	7
新疆	6	6	6	6	7
天津	5	5	6	6	6

对轻质墙板企业较多的山东、江苏、安徽、河北和广东5省进行进一步的数据分析，如图3-10所示。从图中可以看出，山东省的轻质墙板企业数量在这5年一直居于首位，从2016年的40家增长为2020年的68家；而广东省轻质墙板企业数量增长较为缓慢，5年内仅增长了9家。从图中的趋势也可以看出，这几年全国重点区域的装配式建筑一直处于较为正常的增长模式。

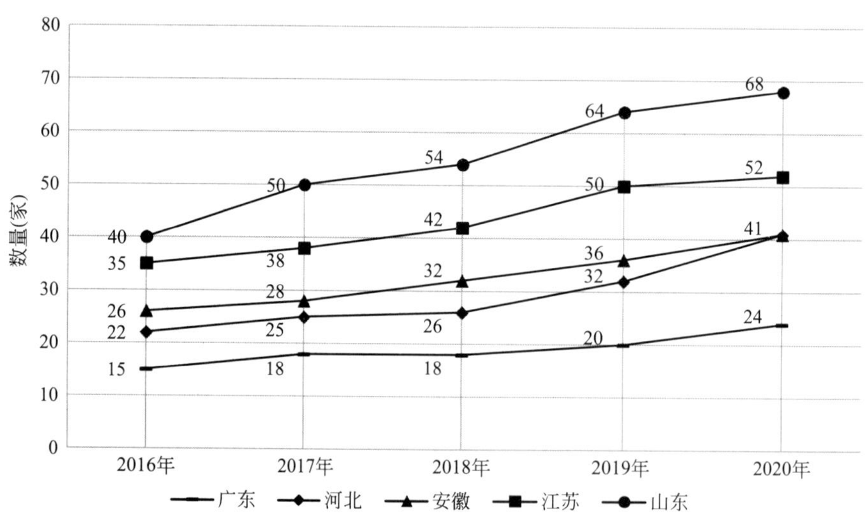

图3-10　2016—2020年全国重点区域轻质墙板企业累计数量折线图

2. 外围护部品企业基本情况

外围护部品除了要有一定的承载力外，还要具有良好的保温、隔热、隔声、防水等物理性能。我国外围护部品可分为砌筑类、混凝土类、玻璃幕墙类等。传统的砌筑类外墙需要现场砌筑，效率低、用工多，且容易产生抹灰层空鼓、开裂、脱落、洞口处八字裂缝等质量通病。而近几年发展起来的 UHPC 混凝土外围护部品，适用于歌剧院和音乐剧院这类具有一定艺术曲面外观的建筑。2020 年国内众多企业抢抓装配式建筑发展的热潮，在装配式建筑外围护部品领域推出了许多适应市场需求的新产品。图 3-11 为 2016—2020 年，全国“注册资本 1000 万以上”“存续”“制造业”“非金属矿物制品业”且经营范围为“幕墙”的外围护部品企业的数量统计。从图中可以看出，幕墙企业数量基本以线性速度增长，从 2016 年的 1393 家到 2020 年的 2547 家，每年的幕墙企业增量基本维持在 300 家左右。这也表明全国外围护部品行业正在稳速发展中。

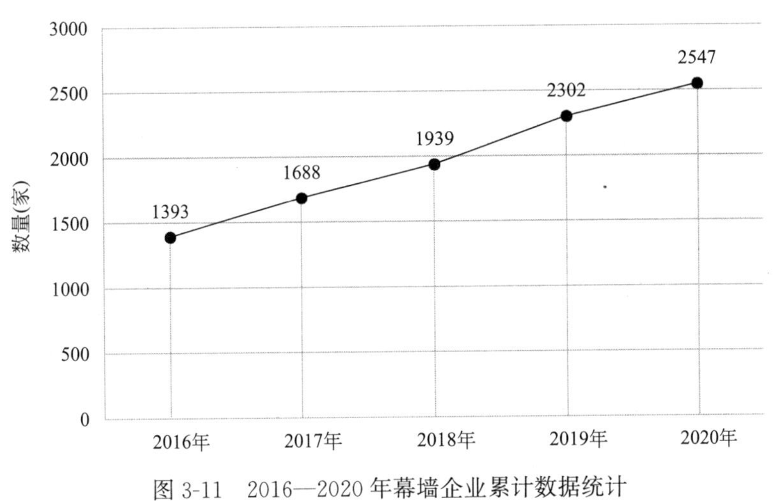

图 3-11 2016—2020 年幕墙企业累计数据统计

通过启信宝平台，以“幕墙”为条件进行筛选，在筛选结果中分别选择“在业”“注册资本 1000 万以上”“制造业”“非金属矿物制品业”“2016—2020”，在剩余结果中按省、自治区、直辖市进行统计，结果如表 3-4 所示。从表中可见，对于幕墙类外围护部品的制造，山东省幕墙企业数量遥遥领先，到 2020 年为止，其企业数量达到 782 家，是江苏省（252 家）和福建省（251 家）的 3.1 倍，可以看出，我国华东及部分华南地区的外围护部品发展较为迅速；西北及西南地区，幕墙企业数量较少，与内围护部品发展情况较为类似，说明在这些地区装配式还未大面积普及。

2016—2020 年各省、自治区、直辖市幕墙类企业累计数量统计表（单位：家） 表 3-4

年份 省、自治区、直辖市	2016	2017	2018	2019	2020
山东	430	538	604	726	782
江苏	159	200	225	249	252
福建	134	157	188	230	251
安徽	88	102	116	139	175
广东	103	117	127	139	153
河北	62	79	98	106	114

续表

省、自治区、直辖市 \ 年份	2016	2017	2018	2019	2020
天津	66	80	102	105	108
河南	34	40	53	80	97
浙江	68	76	79	92	93
四川	37	47	56	67	81
湖北	27	32	37	53	63
湖南	14	17	21	32	46
陕西	20	28	33	40	40
上海	37	37	39	39	39
贵州	17	19	23	28	35
山西	18	19	22	26	31
甘肃	17	19	20	23	30
广西	7	7	9	20	28
吉林	13	18	18	20	25
内蒙古	9	12	12	14	23
辽宁	13	14	17	19	20
重庆	10	11	16	18	18
江西	7	12	14	15	15
新疆	11	12	13	15	15
云南	6	7	8	13	15
黑龙江	7	7	7	8	9
西藏	2	3	3	7	8
北京	7	7	7	7	7
青海	3	4	4	4	6

对表中幕墙企业数量排名前5的省份进行逐年数据分析，数量增量折线图如图3-12所示。从图中可见，山东省在这5年内幕墙企业数量增长速度较快，且几乎呈线性增长，

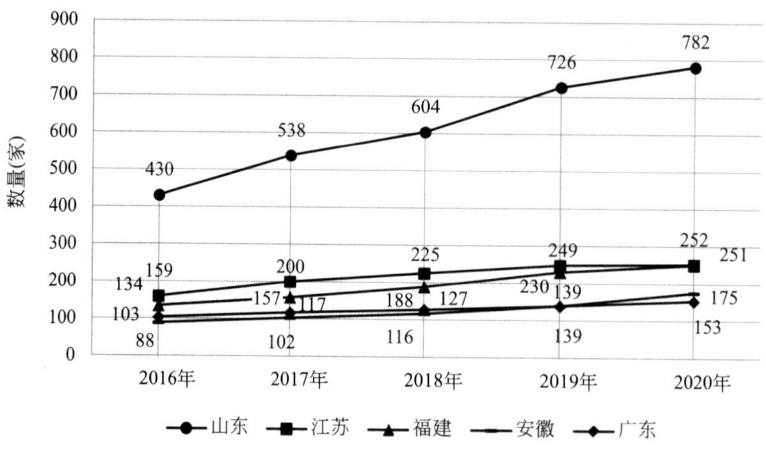

图3-12 幕墙企业数量增量折线图

平均每年的企业增长量为 90 家，江苏、福建、安徽以及广东增长速度较为相似，平均每年增长企业数量为 20～25 家。

3. 典型企业介绍

（1）江苏建华新型墙材有限公司

江苏建华新型墙材有限公司（以下简称“建华建材”）是建华集团旗下一家集研发、生产、设计为一体的专业化新型建材企业。截至 2020 年 10 月，建华建材在国内 19 个省市及国外共建有 71 处生产基地。在镇江、苏州、南通等苏南区域建有多个生产基地，设有多条桩基产品、蒸压陶粒板、PC 构件生产线，拥有强大的制造生产能力，桩基产品日产能超 14 万 m，蒸压陶粒板日产能超 $8000m^2$，PC 构件日产能超 $500m^3$。建华建材还积极参与相关行业标准和规范的制定。图 3-13 为建华建材生产厂区。

图 3-13 建华建材生产厂区

（2）南京倍立达新材料系统工程股份有限公司

南京倍立达新材料系统工程股份有限公司（以下简称“倍立达”），创立于 1999 年，是集研发、设计、制造、安装与服务五位一体的新型 GRC（玻璃纤维增强混凝土）和 UHPC 建筑围护结构、多功能复合一体化墙体材料的产业化、专业化、机械化、智能化、信息化公司。倍立达通过深度研发和创新，使用微波技术、纳米技术、各种混合纤维技术、3D 打印技术、智能机器人等新技术，改变了建筑传统的生产方式和安装方式。倍立达在发展自身的同时，也积极参与并带动行业标准、规范的制定工作，参编过《装配式纤维增强轻型水泥挂板围护结构工程技术规程》《建筑幕墙工程技术规范》《建筑信息模型分类和编码标准》等各类国家标准、行业标准及团体标准共 14 项。

倍立达一直致力于将 UHPC 墙板打造为企业的核心竞争产品，结合模块装配式建筑数字化全屋建造，完成了上海钱学森纪念馆、上海迪士尼乐园以及杭州余杭大剧院等大型工程 UHPC 外墙板的设计、制造及安装。图 3-14 为倍立达近两年竣工的工程案例，这两栋极富艺术外形的建筑，其外部拼接及镂空表皮皆采用预制的UHPC，可以实现一般水泥基工程材料难以实现的造型设计。

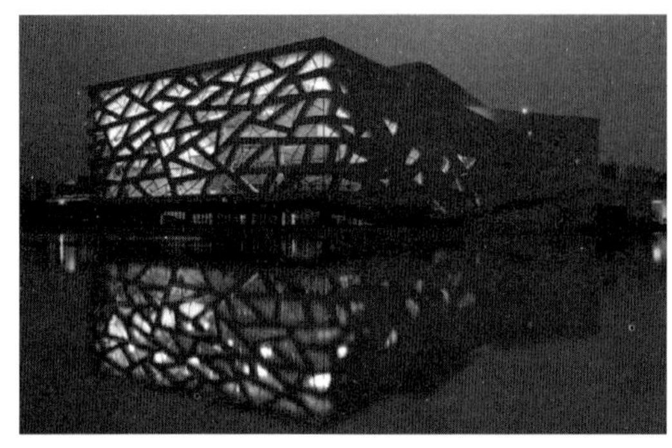

杭州余杭大剧院

深海黑珍珠餐厅

图3-14　倍立达UHPC建筑幕墙工程案例

3.1.4　装配化装修企业产业发展情况

1. 企业基本情况

通过调研走访，从企业层面看，2020年我国装配化装修企业大致可以分为四类，分别是房企转型、设计及施工单位转型、部品部件制造型，以及产业链下游的材料供应型。

（1）从业主端看，万科、远大等企业已拥有成熟的装配式建筑体系，且采用装配式建造或装配化装修方式可提高整体装配化率，利好拿地及获得相应补贴。另外，装配式方式可缩短施工周期，加速资金循环、契合高周转商业模式；

（2）从设计端、施工端看，主要是建筑公司参与较多，如装饰施工端的浙江亚厦装饰股份有限公司，其装配化装修产品已可覆盖主流建筑领域；

（3）从部品部件及生产端看，装饰端的浙江亚厦装饰股份有限公司、苏州金螳螂建筑装饰股份有限公司在装配化装修领域的投资持续，未来将继续扩大产能；苏州科逸住宅设备股份有限公司、青岛普集智能家居有限公司、广州海鸥卫浴用品股份有限公司可提供整体厨卫系统，欧派家居集团股份有限公司可提供整体橱柜等。

（4）从材料供应角度看，目前装配化装修的材料供应企业种类较多，主要包括玻镁板、纤维水泥板、硫氧镁板等材料，这类企业目前国内分布广泛。

对装配化装修相关企业的统计，主要使用启信宝数据库进行检索归类，经营范围以“装配化装修”为关键词，企业状态以“存续”为条件，对2020年的信息进行检索，查找到2020年新增装配化装修相关企业单位569家。以同样的条件对过去五年的情况进行检索，通过检索结果可以发现，自2016年以来，装配化装修相关企业的增长趋势明显，但2020年装配化装修企业数量相较于2019年有所下滑。2016—2020年装配化装修企业累计数量如图3-15所示。

对截至2020年的装配化装修企业以“地区”为条件进行进一步的筛选，可以发现经

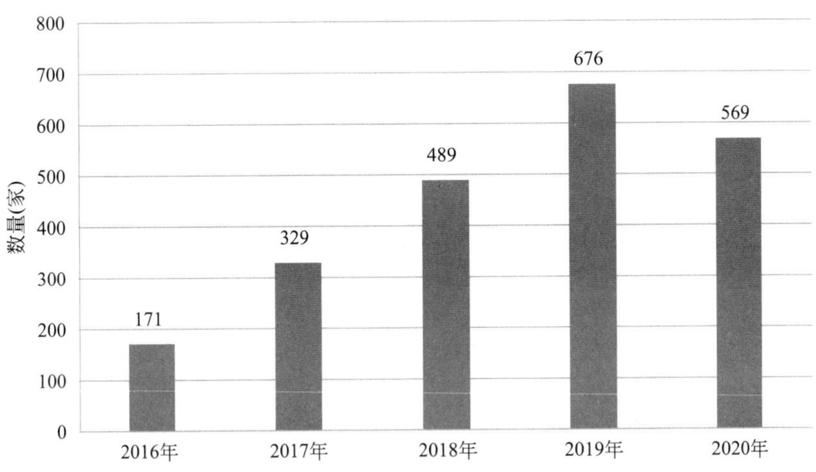

图 3-15 2016—2020 年装配化装修企业累计数量统计

营范围涉及装配化装修领域的企业分布主要集中在广东、山东、湖南、河北、江苏、安徽等省份，如图 3-16 所示。

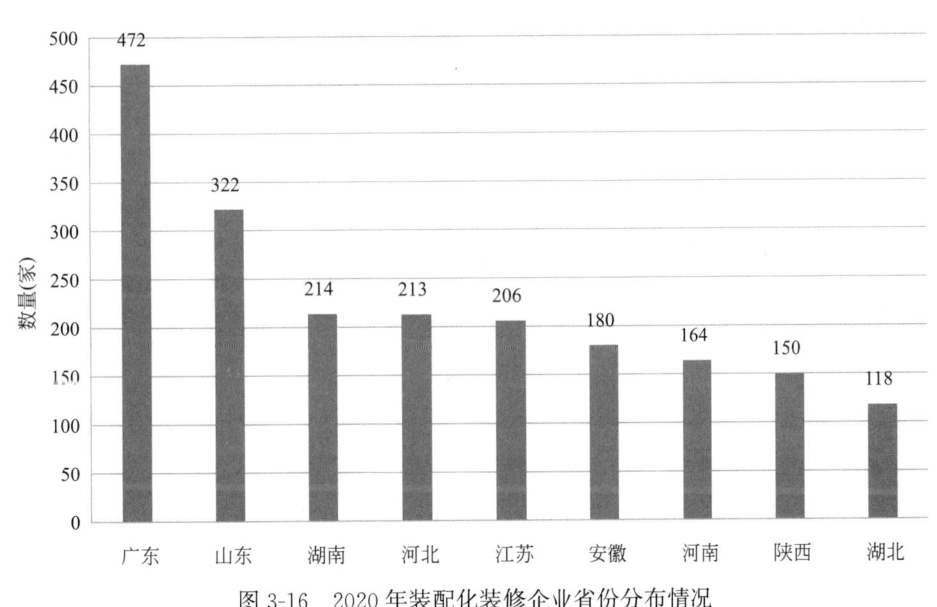

图 3-16 2020 年装配化装修企业省份分布情况

2. 典型企业介绍

（1）苏州柯利达装饰股份有限公司

苏州柯利达装饰股份有限公司（以下简称“柯利达”）的装配化装修聚焦墙面系统、收边系统、吊顶系统、厨卫系统、地面系统、水电系统，通过新型工艺工法技术路径，使用自主研发的连接产品以及收边体系，不改变材料属性，将工厂生产的系统部品部件进行现场组装，以标准化、信息化和工业化手段实现各系统的有机组合，呈现出传统装修品质、功能与效果。柯利达装配化装修体系如图 3-17 所示。为推进建筑业转型升级和装配

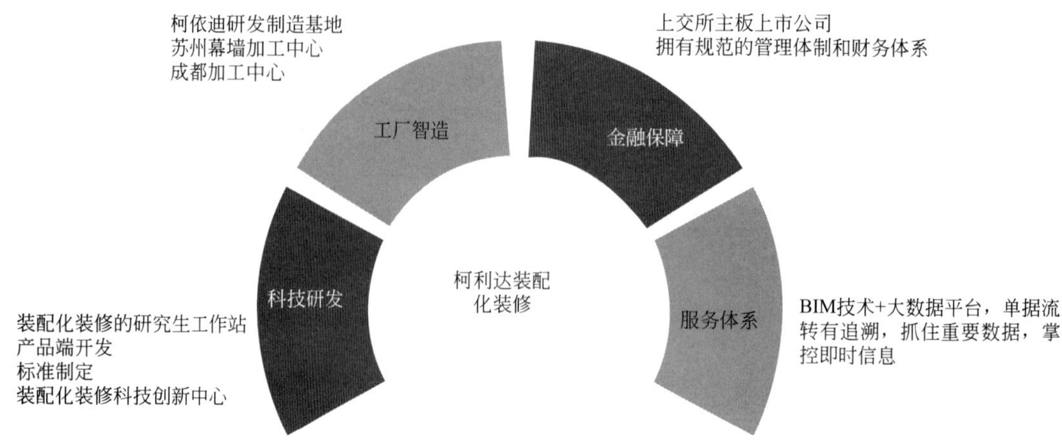

图 3-17 柯利达装配化装修体系

化装修高质量发展，柯利达于 2020 年成立了装配化装修技术创新中心。

柯利达 2020 年作为主编单位编制了江苏省住房和城乡建设厅的《装配化装修施工质量检测验收规程》，以及中国建筑装饰协会的《建筑室内装配式装修设计标准》。参编了江苏省住房和城乡建设厅的《装配化装修技术标准》、中国建筑装饰协会的《住宅装配式装修技术规程》、中国建筑标准设计研究院有限公司的《装配式内装修建筑信息模型（BIM）交付标准》（该标准正在编制，预计在 2022 年编制完成），以及中国工程建设标准化协会的《装配式医院建筑设计标准》等一系列标准。

（2）中寓（上海）建筑科技有限公司

中寓（上海）建筑科技有限公司（以下简称“中寓”），是国内领先的全空间装配式部品部件系统服务商，公司自主研发的装配式顶面系统、装配式墙面系统、装配式地面系统、集成厨房系统及集成卫浴系统五大产品体系，广泛应用于公寓、酒店、商业空间、商品住宅、医疗养老等众多领域。中寓拥有业内先进的装配式内装智能化制造生产线，在行业内率先成立装配式内装研究院，专注于装配式内装全空间部品、工艺系统研发。中寓装配产业链如图 3-18 所示。中寓装配已为众多业内头部地产百强开发商、装饰装修公司提供相关产品和服务，与绿城集团、华润有巢等企业形成深度合作，已实施项目超过 15000 套。

中寓装配拥有强大的科研力量，拥有 20 多项专利，参编了中国工程建设标准化协会的《装配式室内墙面系统应用技术规程》、住房和城乡建设部的《厨卫装配式墙板技术要求》等多项行业及地方标准。

3.1.5 装配式桥梁企业产业发展情况

1. 企业基本情况

据天眼查数据筛选统计，2016—2020 年桥梁施工、制造企业新增数量总体呈现增

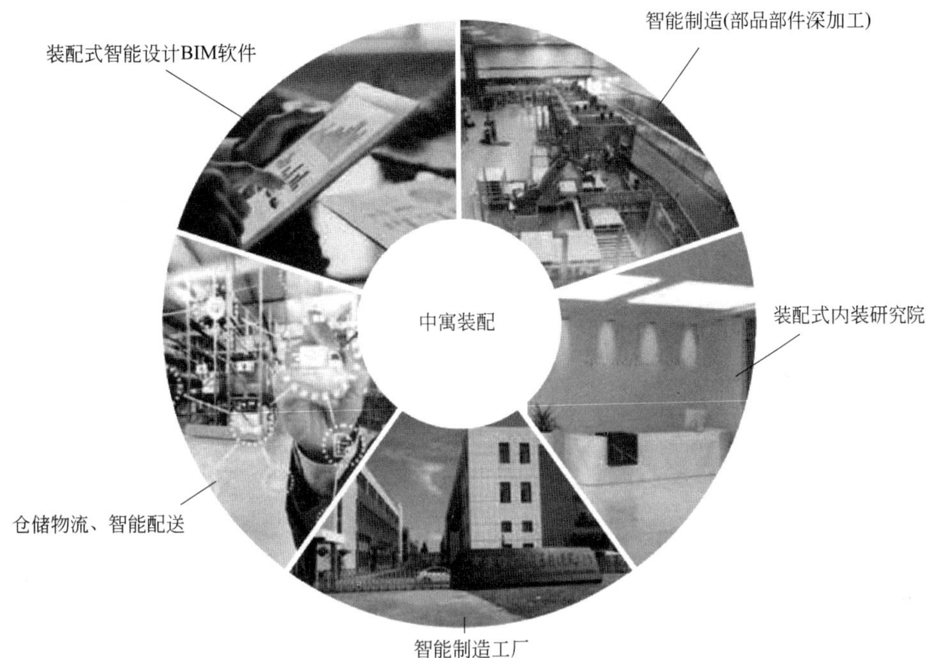

图 3-18 中寓装配产业链

长趋势，依次为 2331 家、3427 家、3750 家、6307 家、5455 家，如图 3-19 所示。2020 年新增数量较 2019 年有所回落。尤其是东部沿海地区如江苏、山东、浙江等出现较大幅度反常回落。

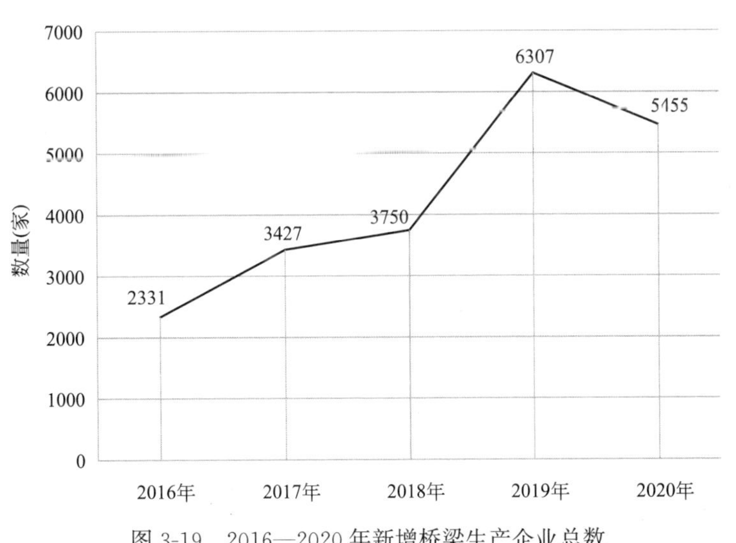

图 3-19 2016—2020 年新增桥梁生产企业总数

按地域来看，近 5 年桥梁生产、施工新增企业，较多分布于福建、山东、江苏、湖北、安徽，占全国总数近 50%，如图 3-20 所示。分析认为，注册企业分布偏向华东地区，主要是跟地方经济增长与城市建设发展息息相关。

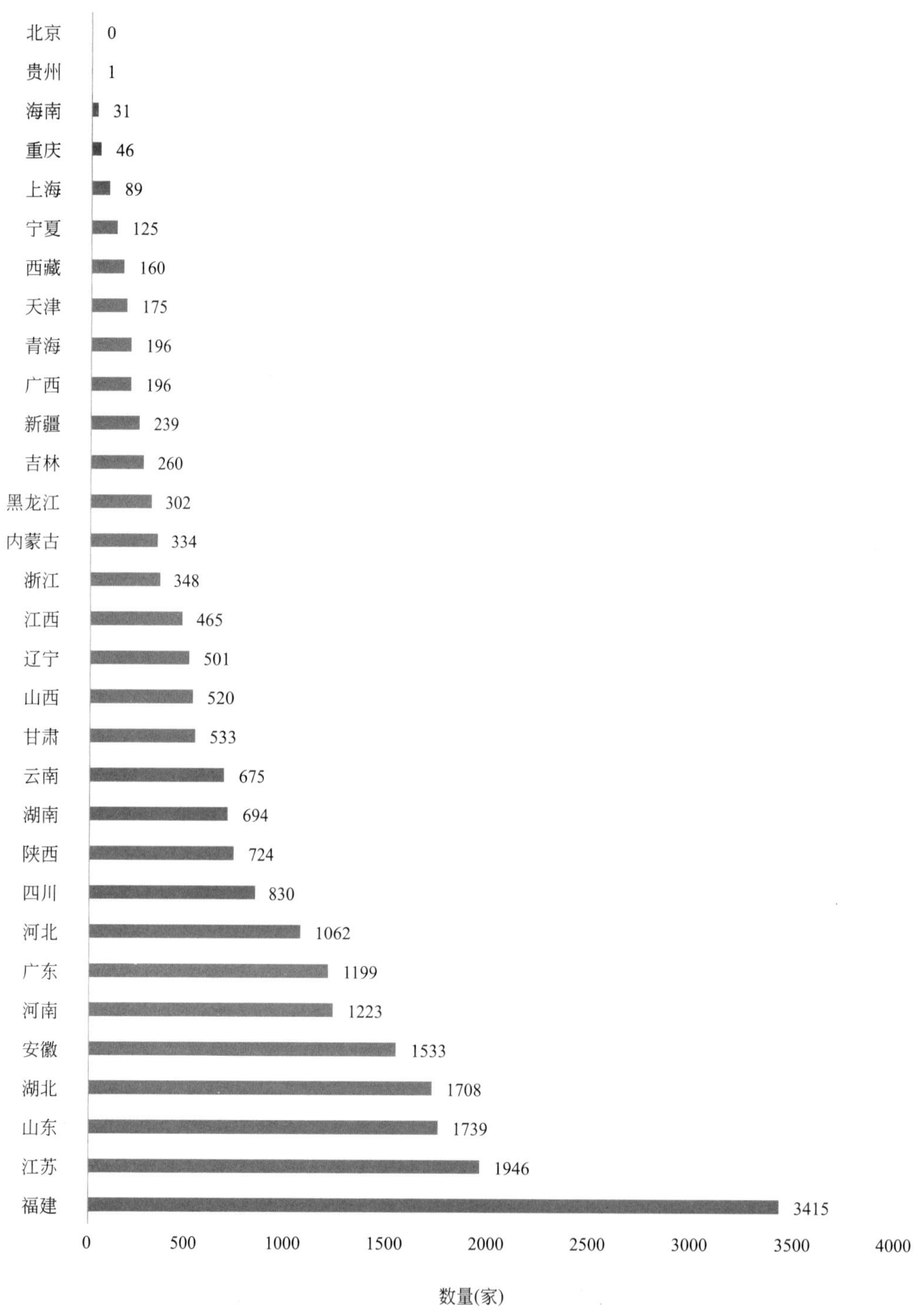

图 3-20 2016—2020 年新增桥梁生产、施工企业总数

通过对所获取的数据进一步分析，可以得到 2020 年新增具备桥梁资质企业在全国的分布情况，如图 3-21 所示。增加数量较多的地区分别是福建、湖北、安徽、河南、山东，其增长的数量分别为 946、666、590、423、349 家。

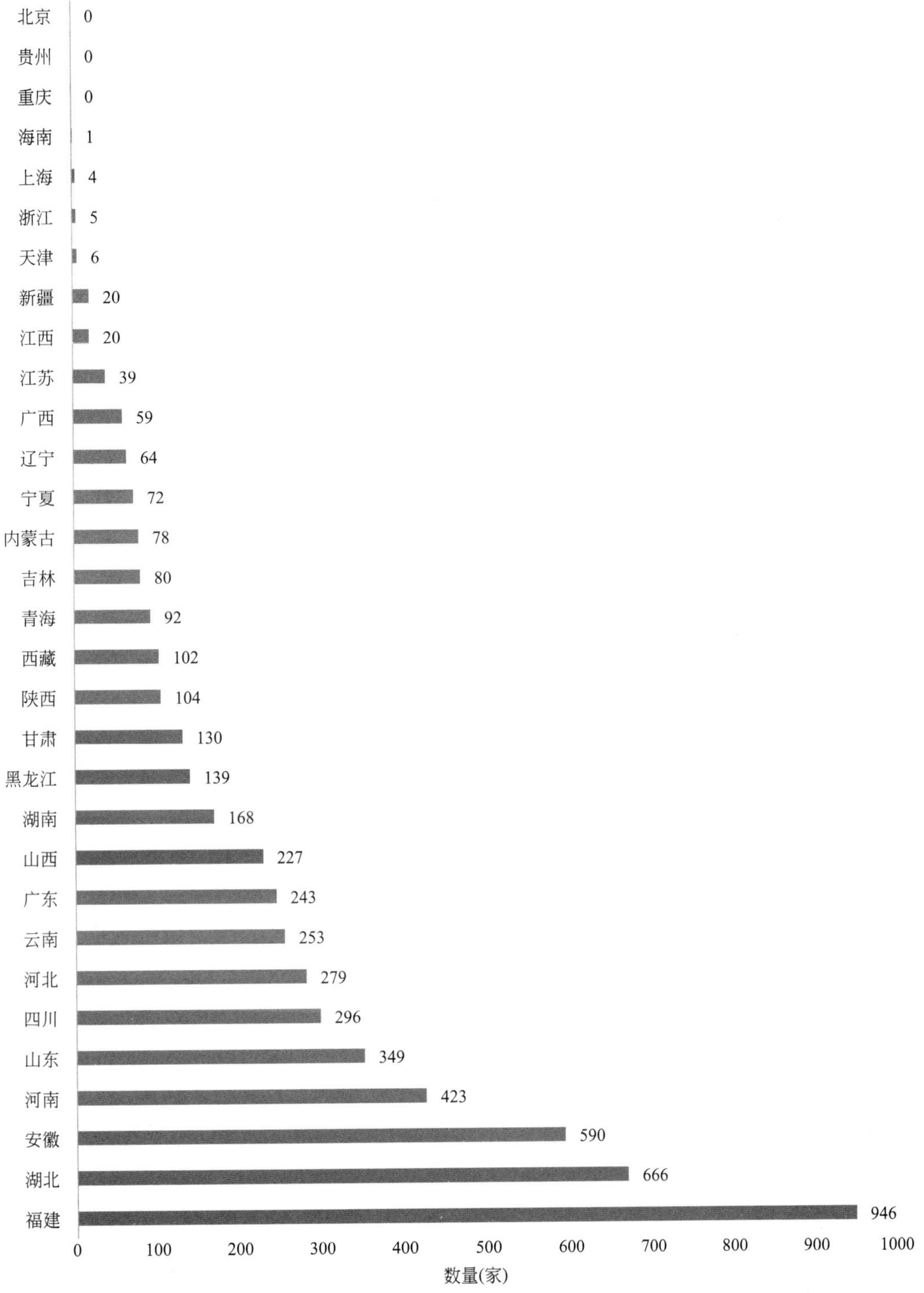

图 3-21 2020 年新增桥梁生产、施工企业分布情况

2. 典型企业介绍——浙江交工集团股份有限公司

浙江交工集团股份有限公司（以下简称“浙江交工”）前身是 1953 年 5 月成立的华

东第二公路工程纵队及机构改革形成的浙江省交通厅公路局所属工程队，2001 年 11 月成为浙江省交通投资集团有限公司下属子公司，2017 年 11 月成功实现重组上市，具有公路工程施工总承包特级资质、市政公用工程施工总承包一级资质、建筑工程施工总承包一级资质等多类工程承包资质。近年来，浙江交工积极拓展省外和海外“两外”市场，项目业务遍布国内 28 个省（直辖市）和除中国之外的 20 个国家。承建了多项国内重大工程，如杭州湾跨海大桥、杭州之江大桥、鱼山大桥跨海工程、宁波舟山港主通道工程等。其中，杭州 2022 年亚运会配套工程沪杭甬高速公路改建工程双层公轨两用钱塘江新建大桥，是国务院《“十三五”国家公路网规划》杭州湾地区环线的并行线，为长三角区域一体化发展的重要组成部分，是我国首条“智能、快速、绿色、安全”智慧高速公路。全线共需预制 T 梁 34000 片，预制构件结构形式标准、规模大，如图 3-22 所示。

图 3-22　钱塘江新建大桥施工现场

公司多项工程获鲁班奖、詹天佑奖、李春奖、国家优质工程奖、公路交通优质工程奖、华东地区优质工程奖、全国科学大会奖等高含金量奖项。其中，杭州湾跨海大桥获“鲁班奖”，黄衢南高速公路浙江段获得“李春奖”，云南思茅至小勐养高速公路获得“詹天佑奖”，杭州之江大桥获“国家优质工程奖”，鱼山大桥获“钱江杯”等。

2020 年浙江交工集团在浙江省内打造了多个建筑工业化制造基地，如绍兴市城投建筑工业化制造基地、绍兴上虞交通产业工业化制造基地、舟山建筑工业化基地等。针对大规模预制 T 梁，研发了“移动台座＋液压模板（固定式）＋蒸汽养护＋二次张拉”等以产品为移动的现代化工业流水线预制生产工艺。针对双层公轨两用高架桥预制梁安装，创新性地提出了上下层预制梁采用两台架桥机分离式架设技术。

3.1.6　智能建造企业产业发展情况

1. 企业总体情况

以“数字建造”“装配式建筑智能建造”“装配式建筑 BIM（建筑信息模型）”“装配式建筑信息化”为关键词，在天眼查网站上搜索 2016—2020 年注册资本在 1000 万元以上的大型智能建造相关企业，其年度分布如图 3-23 所示。

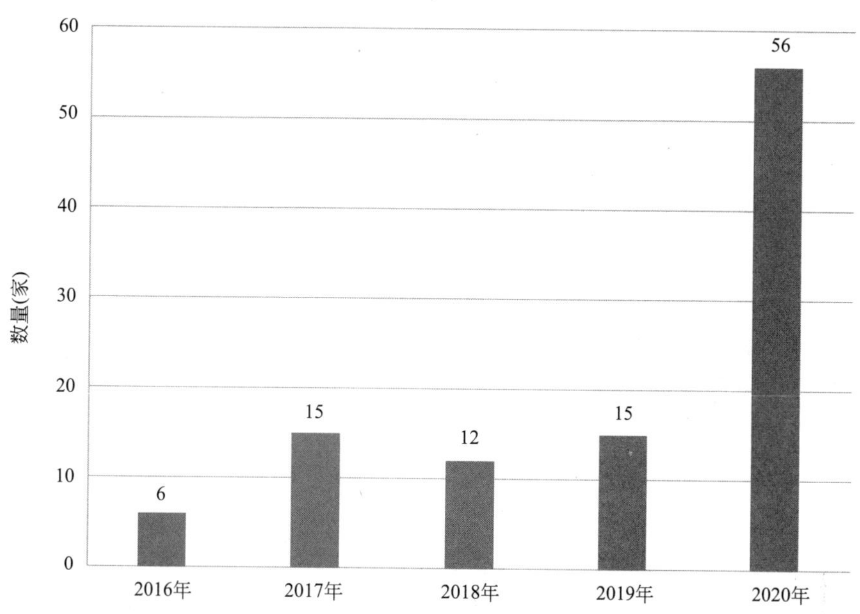

图 3-23 2016—2020 年大型智能建造企业年度分布

2. 典型企业介绍

建筑工业化智能建造领域的企业主要集中在两方面，一是 BIM 技术相关企业，二是设计 PC 构件智能建造技术的相关企业。下面从 BIM 软件、机器人、建筑总承包方以及 PC 构件工厂软件四个行业方向对代表性企业进行简单介绍。

（1）中建科技集团有限公司

中建科技集团有限公司（以下简称“中建科技”）是中国建筑集团有限公司开展科技创新与实践的“技术平台、投资平台、产业平台”，深度聚焦智慧建造方式、绿色建筑产品、未来城市发展，致力于以智能建造推动生产方式变革，以科技创新孵化战略新兴业务，打造建筑科技产业集团，服务未来城市建设发展。

中建科技坚持差异化战略，汇聚高端研发人才，积极对接外部高端科研资源，联合打造了多个行业领先的国家级科技创新平台（图 3-24），先后主持 4 项国家“十三五”重点研发计划，二三级课题 40 余项，联合主持 1 项国家自然科学基金重大专项，以及各类省部级课题 30 余项，获院士专家组鉴定为“国际领先”成果 3 项，“国际先进”成果 2 项；主编及参编国家标准 5 部，地方及行业标准 30 余部；已申请专利 319 项（其中包含：授权发明专利 16 项，实用新型专利 198 项）；获省部级工法 9 项；出版新型建筑工业化教材 10 余部。中建科技坚持产品化思维，形成了“技术、设计、制造、工法”于一体的“十项技术体系”，和“装配式＋绿色＋智慧＋健康”的“十类产品系列”，并成功在一系列 EPC 工程总承包标杆示范项目中取得了有效应用，引领了行业生产方式变革。

目前，中建科技已在建筑工业化领域成功打造了多个国内“第一”：全国唯一获取住房和城乡建设部授牌成立的“新型建筑工业化集成建造工程技术研究中心”；全国第一家

中国建筑学会
建筑产业现代化
发展委员会

住房和城乡建设部
新型建筑工业化集成建造
工程技术研究中心

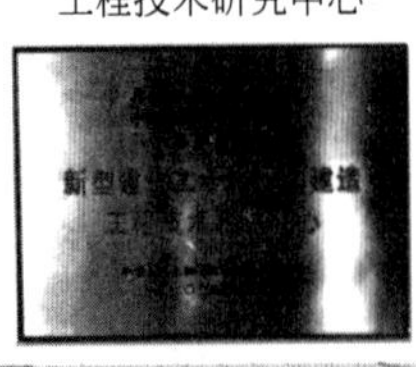

与清华大学合作
拟打造国家级创新平台
未来城市联合实验室

与哈尔滨工业大学合作
拟打造国家级重点实验室
智能建造实验室

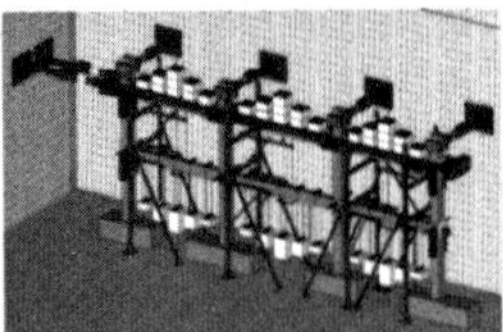

图 3-24　中建科技国家级科技创新平台

拥有装配式建筑设计研究院等。2020 年，中建科技成功入选全国百户“科改示范行动”名录。

（2）广联达科技股份有限公司

广联达科技股份有限公司（以下简称“广联达”）成立于 1998 年，立足建筑产业，围绕工程项目的全生命周期，是以建设工程领域专业应用为核心基础支撑，以产业大数据、产业新金融等为增值服务的数字建筑平台服务商。广联达现拥有员工 7000 余人，在全球建立 70 余家分（子）公司，服务客户遍布全球 100 多个国家。现在，广联达正在为实现每一个工程项目接水、接电、接数字建筑平台的二次创业理想而努力，以“数字建筑”为引领，持续助力建筑产业转型升级。2018 年，广联达首提 BIM 进入 3.0 时代，指出 BIM3.0 是以施工阶段应用为核心，BIM 技术与管理全面融合的拓展应用阶段，标志着 BIM 应用从理性走向攀升阶段。同年，首发数字建筑白皮书，提出新设计、新建造、新运维。广联达平台在 600 多个大型复杂项目中深入应用，通过多重智能化管理手段，改变传统管理模式，创造双效提升，赋能管理新特征。现在广联达具备建筑行业数字化的核心 5 项技术自主产权，为建筑行业技术新赋能，如图 3-25 所示。

（3）上海大界机器人科技有限公司

上海大界机器人科技有限公司（以下简称“大界”）成立于 2016 年，提供建筑领域的机器人智能建造解决方案。大界拥有跨学科硕博士研发团队，自主研发了中国第一款连接建筑 BIM 数据端与机器人建造生产端的建筑机器人工业软件 Robim，可自动识别建筑模型，快速生成机器人加工路径，支持多样化的建筑材料与建造工艺，满足大规模定制化生产。

大界利用 Robim 将设计院的建筑信息模型正向设计直接打通工业机器人等自动化设备，通过算法组织生产数据，让工厂更高效地对金属、木材、复合材料、高分子增材等建筑材料进行生产加工，实现构件生产的精细化及快速安装和实施。引入机器人的柔性技术可以使个性化的建筑更加经济、高效，节约施工成本，如图 3-26 所示。

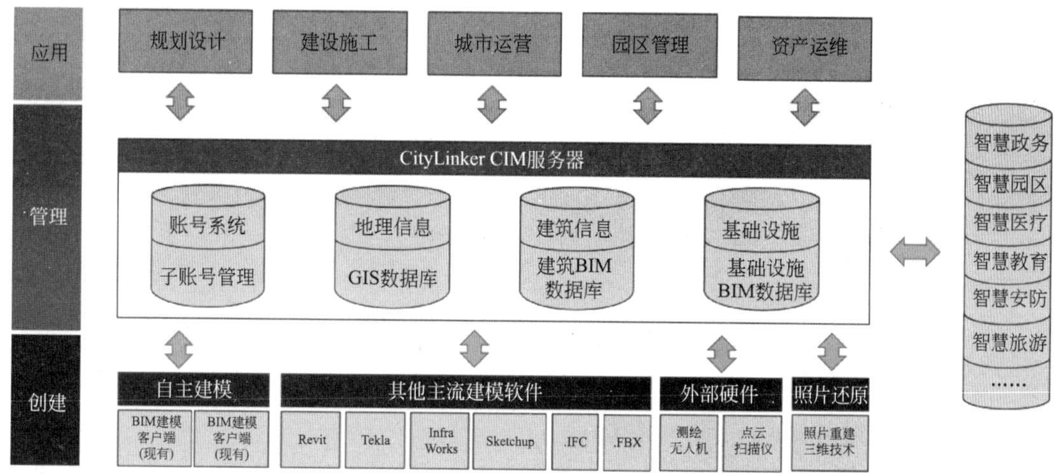

图 3-25　广联达 CIM 产品业务全景图

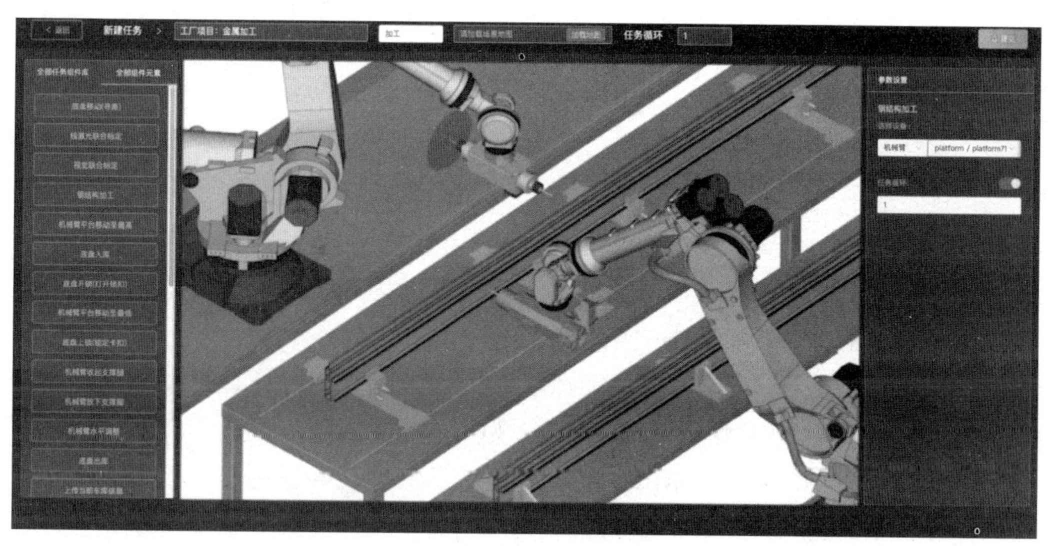

图 3-26　建筑机器人工业软件 Robim

Robim 提供简单、友好的操作界面，无需编程即可完成复杂机器人运动轨迹的设计，极大降低操作工人的使用门槛，其核心是让机器人和数控设备能阅读定制化术语，自动生成加工路径，采用实时系统仿真策略，对工艺全流程实时修正，确保加工精度，同时通过综合采集数据帮助工厂优化生产方案，辅助数字化工厂的建立，全面实现材料的节省、效率的提升，达到降本、增效的目的。

（4）上海建工集团股份有限公司

上海建工集团股份有限公司（以下简称“上海建工”）是中国建设行业的龙头企业，拥有一大批自主知识产权的科技成果，将建筑施工、设计咨询、房产开发、城建投资、建材工业事业群协同发展；核心技术方面，在大型现代桥梁、综合交通枢纽、净水厂原水处理、污水处理厂改造、地下空间综合开发、生态修复、旅游规划设计等设计咨询领域处于全国领先地位；在超高层建筑施工技术、钢结构施工技术、道路桥梁设计施工技术、地下空间开发技术、预制装配式技术、数字建造技术、绿色化施工技术、水治理技术、生态环境技术、城市综合管廊技术、园林景观技术等方面引领行业，综合集成能力和技术水平处于行业领先地位。

上海建工已发布国家和行业标准93项，地方标准106项。专利申请量累计达8436件，其中发明专利比重占50%以上，达4500余件。截至2019年底，有效授权专利3958项，其中授权发明专利1087项，授权实用新型专利2763项，授权外观设计专利107项，国际专利1项。2019年，获得授权发明专利177项，授权实用新型579项，授权外观设计32项，获国际专利1项。

上海面向典型建筑应用机器人工程技术研究中心就落户在上海建工，由上海建工旗下机施集团牵头组建。中心致力于解决建筑施工行业典型应用的建筑机器人的重大需求，以市场为导向，以创新求发展，重点开展智能建造加工机器人、智能建造焊接机器人、建筑结构打印机器人以及配套的机器人技术工艺研究，开发适合国情和市场需求的系列化机器人装备，建立并完善工程化、产业化体系和相关标准，形成既有技术和研发优势，又能中试生产、实行技术开放服务的工程中心，不断提高我国数字化建造、智能建造的技术水平和自动化程度。

迄今，该研究中心已在钢结构住宅项目（生产线研发）、地下连续墙钢筋笼机器人设备研发、高分子材料3D打印、混凝土3D打印等领域研发了多种适用的机器人。

（5）上海孟伯智能物联网科技有限公司

上海孟伯智能物联网科技有限公司（以下简称“孟伯”）是一家智能物联网行业应用解决方案与服务提供商，具备完善的以MOM为核心的制造运营管理系统等工业软件设计、开发以及实施技术。其开发的PCMOM构件工厂智能化管理系统可以实现构件的精益生产，实现操作便捷化、车间数字化、生产精益化、质量一贯化、堆场智能化、管控一体化，预计能为PC构件生产企业每年带来100万元的经济效益，极大地提升生产效率和质量水平，如图3-27所示。

为提升PC构件工厂生产管理效率和质量管理水平，南通装配式建筑与智能结构研究院和孟伯一起开发了SAAS版生产管理系统。产品功能精简，具有订单管理、原料管理、质量控制、成品和堆场管理、产品追溯、大屏展示等功能，并且可以与监管平台进行无缝对接。可利用手机小程序进行构件报工、入库、发货操作，实现MES系统移动化。共同研发的装配式建筑智慧监管平台以PC部品质量监管为核心，统筹政府方、PC构件生产方、施工方，建立从工厂到现场，从部品生产到部品安装全过程的监管模式。监管信息贯穿于部品生产、安装全过程，可以实现全管辖区域内的装配式建筑构件全过程质量信息可追溯，提高行业监管水平。通过该平台，主管单位可以实时掌握管辖区域内的项目工程、生产单位、施工单位的分布地址及当月构件生产情况，如图3-28所示。

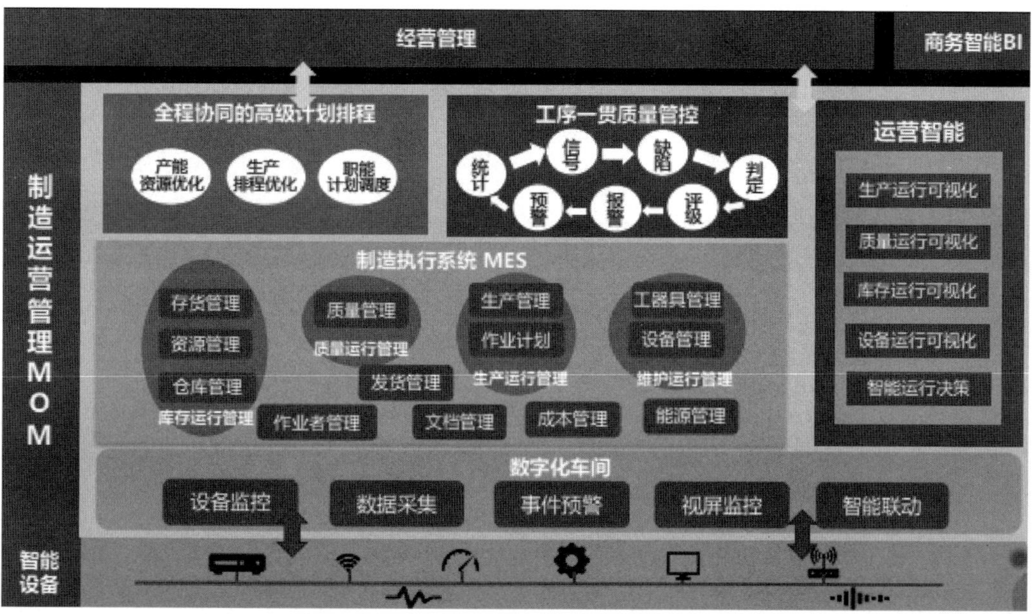

图 3-27 PCMOM 架构图

图 3-28 监管平台页面

3.2 行业发展总体情况

3.2.1 钢结构装配式建筑行业发展情况

我国“十四五”规划纲要指出：要加快发展方式绿色转型，遏制高耗能、高排放项目，推动绿色转型实现积极生产。钢结构兼具高装配化率和环保特点，是装配式建筑的重要实现形式，高度契合绿色建筑理念。早在2019年住房和城乡建设部即批复浙江、山东、四川、湖南、江西、河南、青海7个省份开展钢结构装配式住宅建设试点，并对各省提出相应试点目标，如表3-5所示。

钢结构装配式住宅发展情况　　表3-5

省份	试点地区	试点目标
浙江	杭州市、宁波市、绍兴市	至2020年累计建成500万m^2以上，占新建装配式12%以上；完成10个以上钢结构装配式住宅示范工程
山东	济南市、枣庄市、烟台市、潍坊市、济宁市、日照市、临沂市、聊城市、菏泽市	至2020年初步建立钢结构装配式住宅技术标准体系、质量安全监管体系，形成完善产业链条
湖南	长沙市、株洲市、娄底市、邵阳市、吉首市、岳阳市湘阴县、常德市西洞庭管理区	2019—2021年初步建立钢结构装配式住宅技术标准体系；培育5家以上大型钢结构装配式住宅工程总承包企业；完成10个以上钢结构装配式住宅试点示范项目
四川	成都市、绵阳市、广安市、宜宾市、甘孜州、凉山州	至2022年，培育6～8家年产能8万～10万t钢结构骨干企业，2～3个钢结构产业重点实验室，10家以上钢结构装配式住宅建材企业；新开工钢结构装配式住宅500万m^2以上
江西	南昌市、九江市、赣州市、抚州市、宜春市、新余市	至2020年，培育10家以上年产值超10亿元钢结构骨干企业；建设20个以上钢结构装配式住宅示范工程，5个以上轻钢结构农房示范村
河南	新乡市、安阳市、商丘市、济源市	至2022年，培育5家以上省级钢结构装配式产业基地、2～3家钢结构总承包资质企业；建成10项城镇钢结构装配式住宅示范工程
青海	西宁市城区、海东市城区	重点开发适合高原的产品体系。到2022年，初步建立钢结构装配式技术标准体系、质量安全监管体系；建成3项城镇钢结构装配式示范工程、1～2个轻钢结构农房示范村

1. 整体情况

从钢材产量看，我国已经具备钢结构发展的物质与技术基础。高增速的钢材产量给钢结构建筑发展创造了非常好的物质基础。随着装配式的不断大力推进，老钢厂迭代适应，新钢厂不断崛起，为了适应市场的需要，越来越多的钢铁基地成品钢材的品种越来越齐全，性能越来越优越：热轧H型钢、彩色钢板、冷弯型钢的生产能力大大提高，为钢结构发展创造了重要的条件。其他钢结构中型钢及涂镀层钢板产量都有明显增长，产品质量有较大提高。耐火、耐候钢及超薄热轧H型钢等一批新型钢已开始在工程中应用，快速增长的钢结构产量为钢结构发展创造了基本条件，如表3-6和图3-29所示。

2016—2020 年我国钢结构产量情况 **表 3-6**

年份	钢结构产量（万 t）	同比增长（%）	钢结构占比（%）
2016	5585	11.50	6.90
2017	6145	10.03	7.38
2018	6874	11.84	7.40
2019	7671	11.59	7.70
2020	8438	10.00	8.00

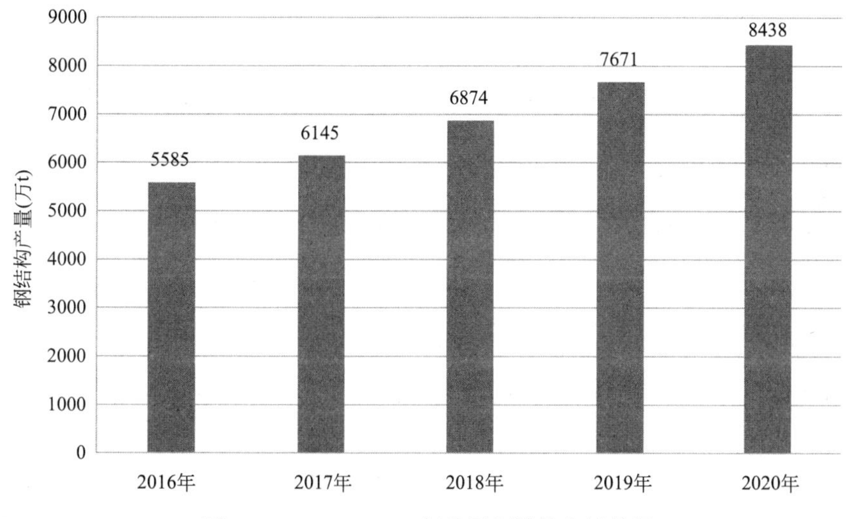

图 3-29　2016—2020 年我国钢结构产量情况

从钢结构产值看（表 3-7、图 3-30），近几年来，钢结构的产值随着国家整体经济发展和建筑行业产值的提升而同步增长，钢结构行业在建筑业中的比重也逐年增加。

2016—2020 年我国钢结构产值 **表 3-7**

年份	建筑业总产值(亿元)	钢结构产值(亿元)	钢结构占建筑业比例(%)
2016	193567	4747	2.45
2017	213954	5100	2.38
2018	235085	6736	2.87
2019	248446	7400	2.98
2020	263947	8100	3.07

2. 钢结构项目情况

根据住房和城乡建设部标准定额司《关于 2020 年度全国装配式建筑发展情况通报》，2020 年全国装配式建筑新开工面积为 6.3 亿 m^2，同比增长 50.7%，装配式建筑占新建建

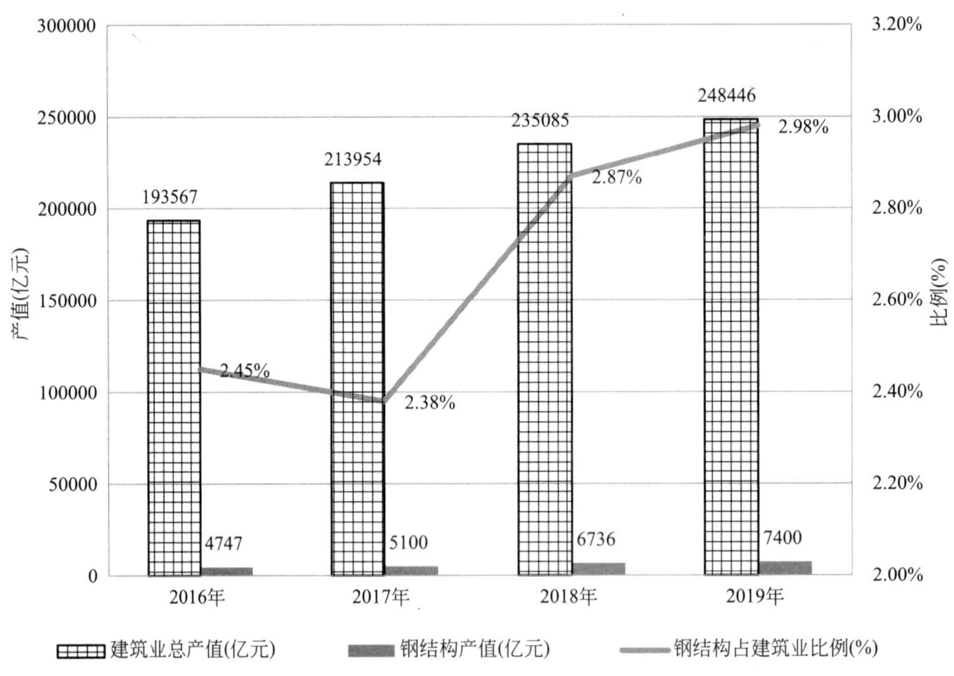

图 3-30　2016—2020 年我国钢结构产值情况

筑比例已达到 20.5%。其中，新开工钢结构装配式建筑 1.9 亿 m^2，较 2019 年增长 46%，占新开工装配式建筑的比例为 30.2%。钢结构装配式集成模块建筑得到快速推广，为新型冠状病毒肺炎疫情防控发挥了重要作用。

项目建设方面，如图 3-31 所示，华东地区的钢结构装配式项目开工数量为 395 项，占比达 55%。

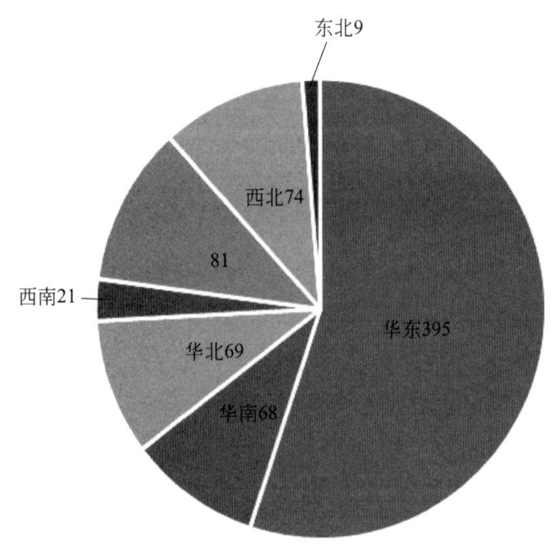

图 3-31　2020 年钢结构装配式项目各区域开工数量（项）

华东地区（江浙沪）涉及钢结构装配式建筑的项目数量如图 3-32 所示，上海中标/开工项目为 147 个，浙江 122 个，江苏 64 个，在行业与政策双双发力下，上海装配式项目数量遥遥领先、蓬勃发展，带动整个华东地区的钢结构装配式项目数量激增。

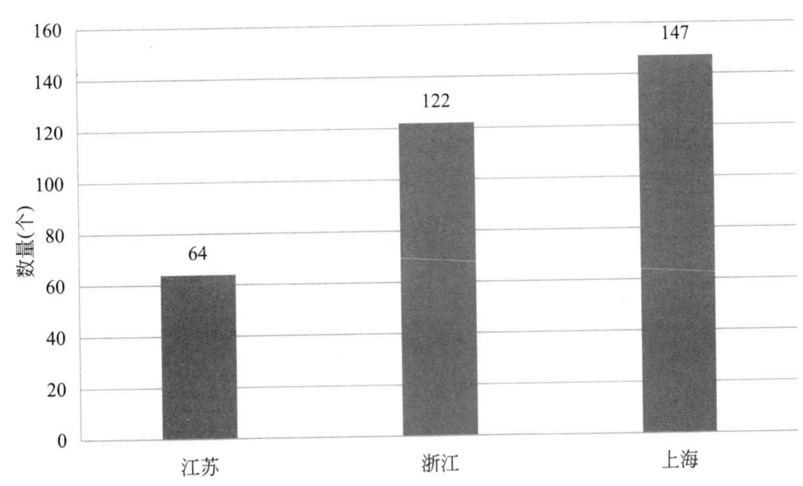

图 3-32 2020 年江浙沪钢结构装配式项目开工情况

按建筑类型分为工业、商业、住宅、公共和基建 5 类钢结构装配式项目。从图 3-33 中可以看出，结构装配式项目主要还是以工业（257 项中标/开工）和公共（242 项中标/开工）为主，商业（121 项中标/开工）紧随其后，住宅（85 项中标/开工）和基建（12 项中标/开工）仍有上升空间。

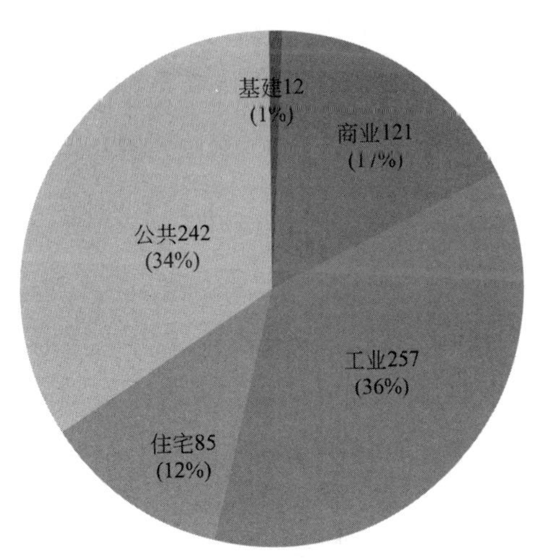

图 3-33 2020 年开工钢结构装配式项目类型分布情况

2020 年装配式项目中标/开工总量为 3107 项，其中钢结构装配式项目数量为 717 项，占比约为整个装配式建筑的四分之一。从数据可以看出，钢结构装配式项目今后发展空间较大。

根据中国建筑金属结构协会2018年、2019年、2020年对全国610个重点钢结构项目的统计，钢结构建筑主要应用于多高层、高层及超高层办公和酒店等公共建筑，占比33%；文化体育中心及展览中心等大跨度项目主要采用钢结构形式，用钢量占比26%；仓储、工业建筑等大跨度轻钢厂房以钢结构门式刚架为主，占比22%，如图3-34所示。

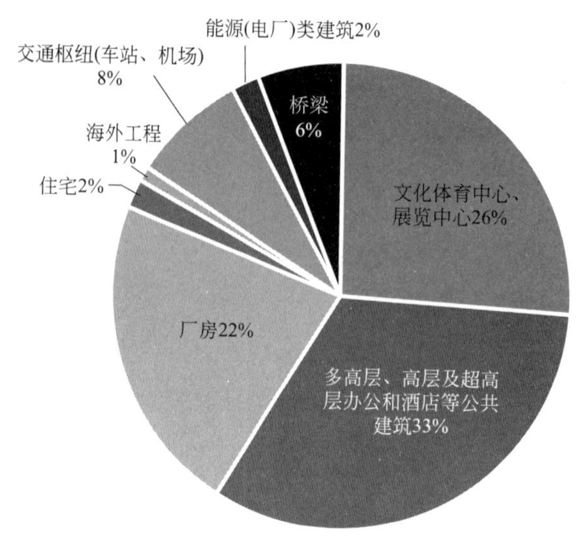

图3-34　钢结构应用类型

3. 典型企业情况

近年来头部钢结构企业订单保持较高增长水平，产量增速大幅跑赢行业。经营业绩上，2015年以来5家公司营收和归母净利润均基本保持稳健增长。受到新型冠状病毒肺炎疫情影响的情况下，2020年仍有4家龙头企业归母净利润实现高增长，如表3-8所示。

钢结构龙头企业2015—2020年归母净利润增长情况　　**表3-8**

典型企业	归母净利润增速(%)					
	2015	2016	2017	2018	2019	2020
精工钢构	−28.11	−42.81	−43.40	192.99	121.96	61.73
东南网架	−46.40	42.05	110.87	64.82	56.68	1.25
杭萧钢构	103.36	272.38	71.14	−26.04	−17.44	54.38
鸿路钢构	28.11	−17.53	43.74	98.59	34.38	42.92
富煌钢构	−20.79	63.47	39.40	17.40	9.50	55.56

我国钢结构在住宅等领域渗透率相对较低，2020年7月，住房和城乡建设部连续发布《关于大力发展钢结构建筑的意见（征求意见稿）》《绿色建筑创建行动方案》等重磅支持政策，明确提出大力发展钢结构等装配式建筑，新建公共建筑原则上采用钢结构，积极推进钢结构住宅和农房建设，鼓励学校、医院等公共建筑以及大型展览馆、体育场、机场、

铁路等大跨度建筑优先采用钢结构。"十四五"规划和2035年远景目标，明确了建筑行业未来的装配式、新型工业化、信息化、绿色等大方向，突出发展绿色建筑将有利于钢结构应用比例进一步提升。

3.2.2 装配式混凝土行业发展情况

1. 整体情况

根据住房和城乡建设部标准定额司《关于2020年度全国装配式建筑发展情况的通报》：2020年，全国31个省、自治区、直辖市和新疆生产建设兵团新开工装配式建筑共计6.3亿m^2，较2019年增长50%，占新建建筑面积的比例为20.5%，完成了《"十三五"装配式建筑行动方案》确定的到2020年达到15%以上的工作目标。

2020年，京津冀、长三角、珠三角等重点推进地区新开工装配式建筑占全国的比例为54.6%，积极推进地区和鼓励推进地区占45.4%，重点推进地区所占比重较2019年进一步提高。其中，上海市新开工装配式建筑占新建建筑的比例为91.7%，北京市为40.2%，天津市、江苏省、浙江省、湖南省和海南省均超过30%。

2020年新开工装配式混凝土结构建筑4.3亿m^2，较2019年增长59.3%，占新开工装配式建筑的比例为68.3%，如图3-35所示。

以上海地区为例，据不完全统计，2020全年上海市装配式建筑面积出让面积超过2300万m^2，PC构件使用量278万m^3（约2100万m^2建筑面积），如图3-36所示。其中，上海本地企业35家，年实际产能132万m^3，2020年完成量86万m^3；外省市进沪企业111家，年实际产能481万m^3，2020年完成量192万m^3。

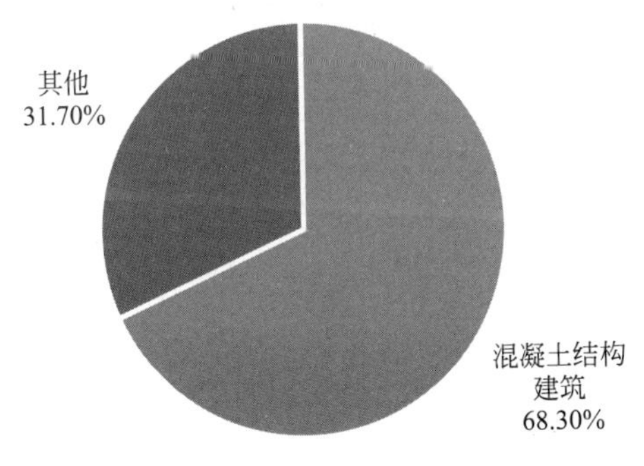

图3-35 2020年新开工装配式建筑分类

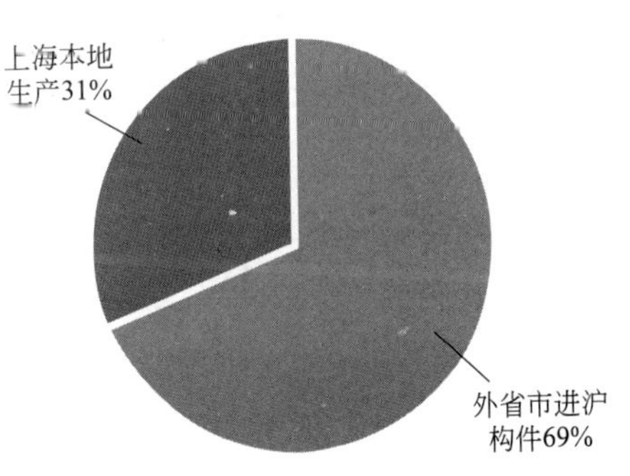

图3-36 2020年上海市PC构件产量

2. PC构件发展情况

（1）产能

图3-37为2016—2020年中国装配式建筑用PC构件市场规模。从图中可以看出，从2016年起我国PC构件的市场规模逐年大幅提升。

根据PC构件的市场规模及建厂规模分析，2017年之后全国的PC构件生产企业出现

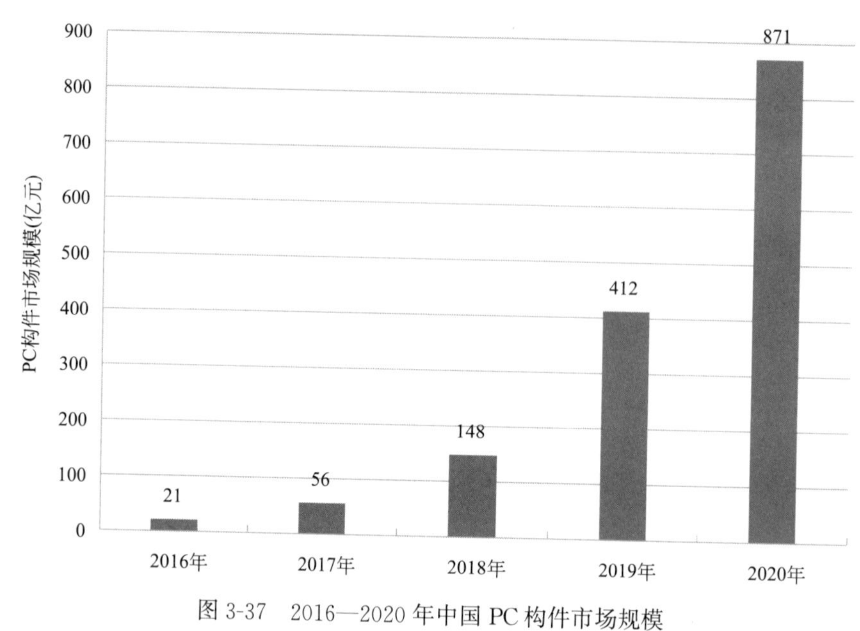

图 3-37　2016—2020 年中国 PC 构件市场规模

了井喷式发展，市场规模大幅增长，新建工厂数量激增，但是许多新建工厂一味追求建设速度，缺乏专业的规划布局指导，缺乏 PC 构件工厂运营经验，重投资建设，轻运行管理，盲目投资建设，普遍存在工厂规划设计方案不合理、工艺设备配置不适用、工厂运行效率低等现象，造成了大量土地和资源浪费。可以预见，投资较大的新工厂，如果不重视人员和管理等建设，没有产业链的整体优势，未来 3～5 年或将面临倒闭或转产的经营风险。

（2）产品与技术

目前，我国的 PC 构件产品主要集中在预制墙板、预制楼板、预制梁、预制柱、预制楼梯、预制阳台等，产品的标准化程度普遍很低，加之产品技术单一、种类较少，严重制约其推广应用。

（3）PC 构件质量

目前，我国 PC 构件的质量总体水平依然较低，无论是 PC 构件的外观质量，还是制造精度、内在质量都还有很大的提升空间。

（4）PC 构件价格

北京、上海、天津、沈阳等城市从 2020 年开始陆续发布每月的 PC 构件参考价格信息。由于各地原材料和人工费差异，构件的价格也有差异较大，最大相差达 30%左右。由于 PC 构件工厂数量增加，价格竞争非常激烈，实际价格一般要比市场指导价低 20%～30%，造成 PC 构件工厂基本没有利润空间，多数新建企业和实力较差的企业经营处于举步维艰的境地[30]。

3. 总结

据统计，目前已建成的 PC 构件工厂实际产能已远超市场需求，再投资新工厂将面临极大风险，政府部门应加强 PC 构件工厂项目立项和用地规划的审批，原则上要限制 PC 构件工厂项目的建设，从源头上控制项目的投资。企业层面也应深入调研，慎重投资。对于已建成的 PC 构件工厂，重点是做好经营管理工作，提升生产效率及质量，还要结合本地特色进行创新发展，生产具有竞争力的产品。

3.2.3 内外围护部品行业发展情况

1. 整体情况

总体来看，我国建筑围护部品行业的发展经历了一段时间的波折，20 世纪 90 年代末到 21 世纪初发展较快，1999 年生产总量就达到了 2.41 亿 m^2，占我国墙材总量的 1.41%。2005 年建筑墙板产量和应用锐减至约 3000 万 m^2，2006 年和 2007 年产量继续下滑，生产企业已不足 300 家，全国建筑墙板产值不足 20 亿元。2016 年以来，随着我国综合利废力度的加大，特别是对建筑垃圾废弃物的处理及建筑部品化的实施，建筑墙板行业在政策上又有了新的发展机遇。这期间，相应的产品国家标准、建筑施工和验收规范陆续颁布实施，极大地促进了我国建筑墙板行业的复苏。

2. 内围护部品行业发展总体情况

根据《新型墙材推广应用行动方案》，到 2020 年全国县级（含）以上城市禁止使用实心黏土砖，地级城市及其规划区（不含县城）限制使用黏土制品，副省级（含）以上城市及其规划区禁止生产和使用黏土制品；新型墙材产量在墙材总量中占比达 80%，其中装配式墙板部品占比达 20%；新建建筑中新型墙材应用比例达 90%。随着我国建筑建材行业的快速发展，轻质隔墙板行业也正在发生着变化。

以国家统计局 2020 年全国房屋竣工面积作为计算基础，以住宅作为估算对象（此估算为保守计算，商业以及办公楼内墙隔板用量为住宅的 2～3 倍），墙体方量与建筑面积之比为 1∶1.2，2020 年全国房屋竣工面积为 9.1 亿 m^2，同比下降了 4.9%。其中住宅竣工面积为 6.6 亿 m^2，同比下降了 3.1%，填充墙体方量为 12.59 亿 m^3（按照住宅与商住楼分开计算），保守估算隔墙板市场份额为 10%，估计全国竣工房屋围护墙板的使用量为 1.26 亿 m^3。

3. 外围护部品行业发展总体情况

在外围护部品行业中，建筑幕墙行业的发展极具代表性，其发展趋势可以反馈出整个外围护部品行业的发展情况。建筑幕墙在我国发展了近 40 年，从发展初期的技术引进与模仿，到如今产品质量有了突破性提高。我国建筑幕墙萌芽于 1983—1994 年，平均年产量仅为 200 万 m^2，且以明框式玻璃幕墙为主；成长于 1995—2002 年，年平均产量为 800 万 m^2，产品种类延伸到了单元式玻璃幕墙、支点式玻璃幕墙、铝板/铝复合板幕墙以及石材幕墙等；发展于 2003—2015 年，年平均产量为 5000 万 m^2 以上，并出现了光电幕墙、生态幕墙和张拉膜幕墙等高科技先进幕墙。建筑幕墙从 2016 年发展至今，整个行业又产生了较大的波动：从 2016 年的去库存、去产能政策，到如今市政工程的规模减小，整个建筑幕墙行业规模产值又有了明显的下降，如图 3-38 所示。

目前，全球建筑幕墙主要应用于商业建筑、公共建筑以及住宅建筑，其占比分别为 65%、20%以及 15%；建筑幕墙的市场分布仍以欧美国家为主，占比达到了 52%；中国紧随其后，占比达到了 17%；2019 年中国幕墙行业内仍以玻璃幕墙为主，其占比为 42%，金属幕墙占比为 26%，石材幕墙上升速度较快，目前已达到 18%的占比。根据图 3-38 可知，自 2016 年以来，建筑幕墙产值一直处于下降状态，下降的原因是市政工程以及大型建筑数量已趋于饱和，而 2020 年由于受疫情影响，整个建筑幕墙产值同比下降达 6.15%。

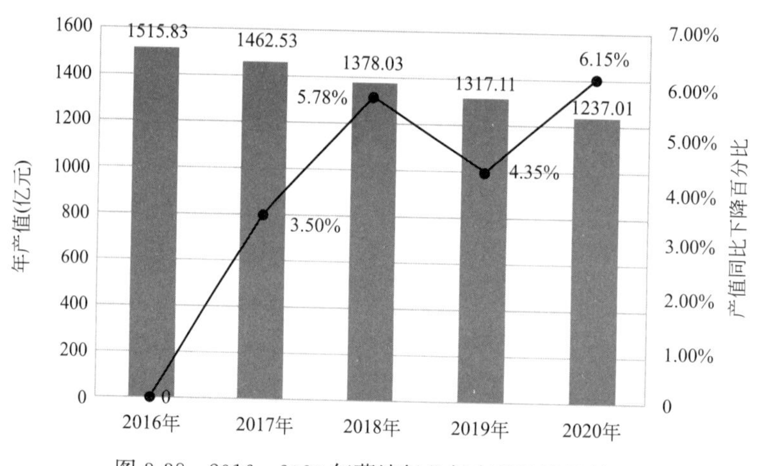

图 3-38　2016—2020 年幕墙行业年产值及增长情况

3.2.4　木结构装配式行业发展情况

2020 年第四季度，年内被抑制的需求集中爆发，全国房地产当季新开工面积大幅增长，相比第三季度增长 61.9%，达到 10.2 亿 m^2，相比 2019 年第四季度也增长了 42.1%，如图 3-39 所示。

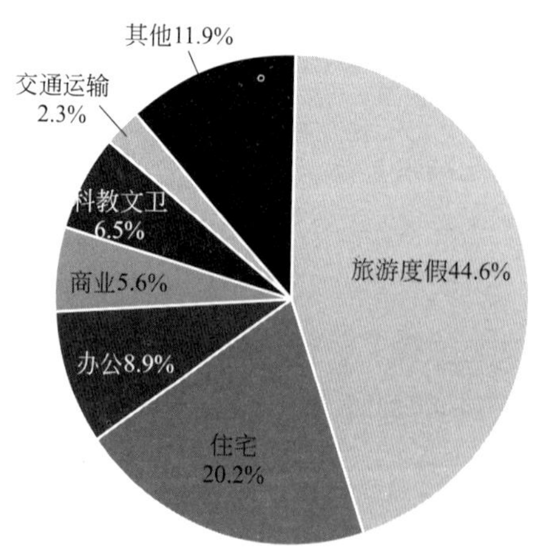

图 3-39　2020 年第四季度新开工木结构建筑类型的占比情况

（数据来源：加拿大木业协会 2020 年第四季度木结构建筑市场信息报告）

从图中可以看出，旅游度假类建筑的占比仍然最高，为44.6%。住宅类建筑位居第二，占比为20.2%。办公类、商业类和科教文卫类建筑的比例相近，在6%～9%，交通运输类建筑占比最低，仅为2.3%。其他类型的建筑类型，占比为11.9%。

2020年，木结构装配式与模块化建筑技术日趋成熟。装配式建筑和模块化建筑越来越受欢迎，工厂预制构件可以大大缩短施工周期、最大限度控制质量并且节约成本。木结构装配式建筑最主要的特点是：大量现场施工转移到工厂生产；BIM（建筑信息模型）设计及管理项目；EPC设计施工一体化模式；房屋质量控制由工地迁移到工厂，满足严格的质量认证管理要求。

装配式建筑和模块化建筑需要更准确的前期规划，木材的灵活性和通用性使其成为装配式建筑的理想材料，木材自重轻，可降低运输成本和能耗，提高运载率，且木结构装配式建筑的安装对于现场施工环境要求低，构件的吊装更为便捷，可以缩短20%～50%的工期，降低20%的施工成本。

3.2.5 装配化装修行业发展情况

装配化装修是具有工业化思维的新装修方式，比传统装修“多、快、好、省”，优势明显，其“重工厂、轻现场”的运作模式使得工厂成为装修质量把控的重要环节。工厂采用机器化生产，避免了工人技术和经验对工程质量的直接影响，同时装配化装修现场只需要安装工人和电工，相比于传统装修，工人数量和工种数量均明显减少，现场管理更容易，工厂管理相对现场管理也更为集中，管理难度明显下降，有利于突破原有管理半径的限制。2020年装配化装修在政策的支持下，市场规模不断扩大，但还存在着一些瓶颈。

1. 政策支持力度大

2020年以来，国家及各省、自治区、直辖市密集出台政策支持装配化装修行业的发展。住房和城乡建设部等部门《关于加快新型建筑工业化发展的若干意见》提出，要完善集成化建筑部品，编制集成化、模块化建筑部品相关标准图集，提高整体卫浴、集成厨房、整体门窗等建筑部品的产业配套能力，逐步形成标准化、系列化的建筑部品供应体系；浙江省、江苏省分别发布《关于推动浙江建筑业改革创新高质量发展的实施意见》《关于推进碳达峰目标下绿色城乡建设的指导意见》，均以“绿色建筑、建筑工业化”为核心内容，其中浙江文件提出：推动装配化装修和钢结构等装配式建筑深度融合；江苏文件指出：到2025年，全省绿色建筑规模总量保持全国最大，装配式建筑占同期新开工建筑面积比例达50%，装配化装修建筑占同期新开工成品住房面积比例达30%。另外，江苏省首次将装修部分与主体结构部分拆分开，分别制定发展目标，装配化装修有望在“十四五”期间驶入快车道；四川省住房和城乡建设厅印发的《推进装配式建筑发展三年行动方案》提出，到2020年，全省装配式建筑占新建建筑的比例达到30%，培育8个装配式建筑试点城市和5家集设计、生产、施工于一体的装配式建筑龙头企业。推进装配式建筑全装修成品交房，推行装配式建筑全装修与主体结构、机电设备一体化设计和协同施工，并与主体结构交付验收同步；鼓励全装修提供大空间灵活分隔及不同档次和风格的菜单式装修方案，满足消费者个性化需求，推进整体厨房卫生间、集成化设备管线、预制装配式轻质隔墙的应用，提高装配化装修水平。

2. 行业增长迅速

装配化装修的行业发展目前尚处起步阶段，但市场规模增长迅速。据统计，2020 年全装修建筑面积为 3.45 亿 m^2，与 2019 年相比同比增长 44.6%。其中，2020 年装配化装修建筑面积为7759 万 m^2，2019 年这一指标为 4529 万 m^2，与 2019 年相比同比增长 71%，发展速度较快，但总量还是偏少，如图 3-40 所示。

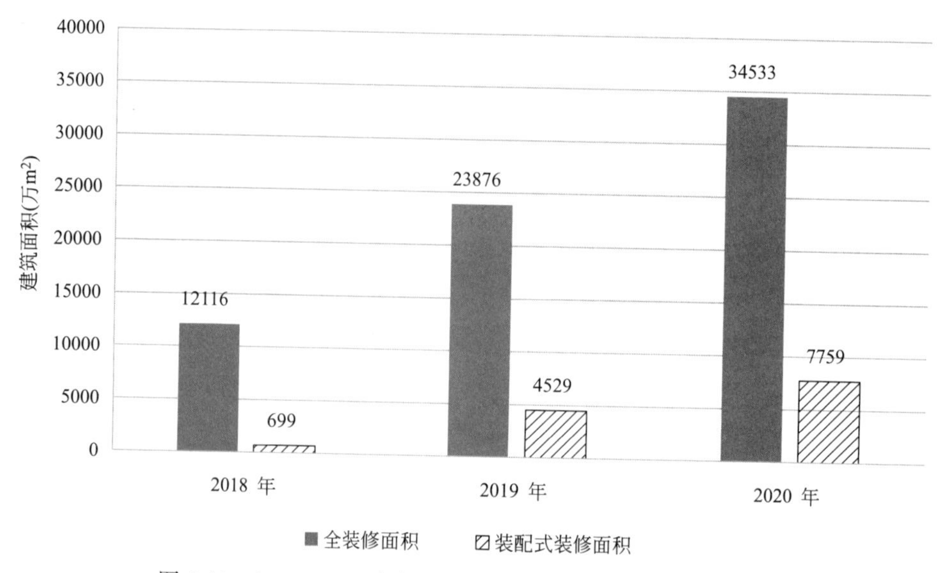

图 3-40　2018—2020 年新开工全装修与装配化装修建筑面积

从相关统计数据来看，2020 年以来装配化装修虽然发展迅速，但应用范围还十分有限。新开工装配化装修面积占新开工全装修建筑面积的比重仅为 22%左右，较 2019 年有少量提升。根据住房和城乡建设部的统计数据，2020 年全国新开工装配式建筑面积达 6.3 亿 m^2，装配化装修的面积占新开工建筑面积的比重为 12%，2020 年全国新开工建筑面积 30.24 亿 m^2，装配化装修建筑面积占新建建筑面积的比例仅为 2.6%，从总量上来看，装配化装修的市场规模还很小，但增长态势明显。

通过分析装配化装修市场规模增长因素，发现其可以分为短期因素和长期因素。短期来看，装配式建筑硬性指标的倒逼，使装配化装修具备高性价比；长期来看，人工价格上涨以及环保需求提升将持续驱动装配化装修行业发展。长租公寓、租赁房、酒店具有空间重复性高、可复制性强、对装修工期要求高的特征，适合采用装配化装修，因此成为装配化装修优先应用的领域。商品房则是装配化装修潜在增量，短期受益于地产竣工回暖，长期则是精装房比例持续提升，住宅装配化装修市场潜力较大。

3. 行业增长瓶颈

目前装配化装修在众多项目上已经得到了应用，包括医疗建筑、酒店公寓、标准化住宅等项目，装配式行业规模逐年增大，并有极好的发展前景。但通过对装配化装修企业进行走访调研，可以发现目前还存在着制约行业发展的瓶颈，包括顶层设计有待完善、部品部件供给有限、成本偏高等问题。

（1）顶层设计有待完善

标准化是装配式技术大规模发展的前提。一方面，大批量的装修标准化要基于建筑标准化，而国内建筑行业长久以来习惯了业主方、设计方、施工方、装修方分割而治，虽然EPC模式、PPP模式的推出正在逐步改变行业参与方的思维模式，但仍需一个过程。装配化装修在工厂加工部品部件，现场仅进行安装，其对设计、加工、安装一体化的要求进一步提升，需要全产业链协同。另一方面，装配式内装的技术标准尚未统一，正式的国家标准还未出台，目前仅有行业规范《建筑工业化内装工程技术规程》T/CECS 558—2018以及上海市、浙江省、北京市等地方性规范。技术标准不统一将影响行业的发展质量。

（2）部品部件供给有限

相比传统装修，装配化装修的主要生产流程在工厂，现场只做安装工作。目前来看，专业做装配化装修配套部品部件的厂家还较少，供给上存在空缺，这是装配化装修价格高、个性化程度低的主要原因，供给端具有规模效应的龙头企业将有明显竞争优势。

（3）成本偏高

当前传统装修平均价格在1000元/m^2，而装配化装修价格达到1500～2000元/m^2，甚至更高。主要是由于装配化装修选材环保，原材料价格较高，又设有以轻钢龙骨为主流的支撑结构，造价肯定比传统装修高。有规模优势的龙头企业在采购端和生产端将逐步建立成本优势，降低造价，形成竞争壁垒。

综上所述，国内装配化装修恰逢其时，但是行业整体依然处于萌芽阶段，是一片蓝海市场。随着顶层设计逐步完善、行业龙头成长以及用户口碑的沉淀，装配化装修当前面临的问题未来将逐步得到解决，行业将进入良性发展。

3.2.6 智能建造信息化应用行业发展情况

2020年由于新型冠状病毒肺炎疫情影响，上半年的基本建设活动进展严重受阻，到了下半年，由于疫情控制较好，随着复工复产和新基建政策的落实，建筑业又迎来了新一轮强劲增长的发展机遇。

1. 人工智能建造技术应用现状

在人口老龄化的大背景下，人工智能对推动中国未来的经济增长将起到至关重要的作用。麦肯锡全球研究院的报告指出，根据应用速度的不同，基于人工智能的自动化提升的生产力每年可为中国贡献0.8%～1.4%的经济增长。

2015年以来，人工智能在国内获得快速发展，国家相继出台一系列政策支持人工智能的发展，推动中国人工智能步入新阶段。2019年，人工智能已经第三年出现在政府工作报告中，继2017年首次将人工智能纳入工作报告、2018年的“加快人工智能等技术研发和转化”“加强新一代人工智能研发应用”关键词后，2019年政府工作报告中使用了“深化大数据、人工智能等研发应用”等关键词，说明我国的人工智能产业已经从萌芽阶段步入了初步发展阶段，并且即将进入快速发展时代。

北京市是中国人工智能“高地”，以在全国占比36.93%的企业数量高居榜首，上海市紧随其后，296家AI企业在全国的占比为20.36%，之后是广东省和浙江省，AI企业数量均过百。

在国家层面政策的不断推动下，各省、自治区、直辖市也相继出台了适合本地发展环境的人工智能“十三五”相关规划，提出了到2020年人工智能核心产业规模和相关产业规模的发展目标。根据前瞻产业研究院对制定了具体产业规模发展目标省市的整理，全国12个省市2020年的规模目标达到4290亿，远远超过国家层面制定的1500亿。

纵观全国，长三角地区逐步凸显出以江苏为龙头、其余各地齐头并进的发展格局。江苏省产业技术创新活跃，在图像识别、智能无人机、智能传感器等领域掌握了一批关键核心技术，并在工业智能化升级、医疗产业智能化升级、教育产业智能化升级方面形成一批具有示范引领作用的典型应用场景，但人才储备不足成为目前的发展瓶颈；上海市在交通、金融产业智能化升级领域的新业态新模式不断涌现；浙江省得益于阿里云、海康威视的新一代人工智能产业基础，聚焦安防、零售、金融产业智能化升级；安徽省集聚了以科大讯飞为代表的语音识别领域生态圈，构筑技术发展和融合应用并重的发展格局。

2020年，中美两国依然占据人工智能领域内的绝对竞争优势，其中，中国人工智能（AI）产业规模为434亿美元，同比增长13.75%，超过全球增速。这是《IT时报》记者在首届济南国家级人工智能创新应用先导区高端峰会上获得的最新数据。

根据《2020年全球人工智能产业地图》，2020年，美国人工智能企业占全球总数的38.3%，中国排第二，占24.66%。美国有2257家人工智能企业，中国有1454家，排名第三的英国，数量呈“断崖式下跌”，只有430家，中美占据绝对优势。

中国在部分AI核心技术领域已与美国比肩，但整体实力仍有差距。虽然中国起步较晚，但应用环境较好，人工智能正深度驱动中国经济智能化转型。国家政策从人工智能产业规划、创新平台建设以及技术应用等方面引导产业健康、有序发展，推动人工智能应用环境及产业发展持续向好。

未来十年将是人工智能技术加速普及的爆发期，人工智能产品制造将在各个领域中实现，人工智能不断向日常生活渗透，产业规模将大幅提升。同时，人工智能具有显著的溢出效应，将带动其他相关技术的持续进步，助推传统行业转型升级和战略性新兴产业整体性突破。

2. BIM技术应用情况

我国BIM技术起步较晚，但受到政府、企业、高校、科研院所的高度关注，经过十余年的发展，全国各地 BIM 技术应用规划、标准指南、推广组织等 BIM 技术应用环境日趋完善，人才培养与技术交流活动如火如荼，在 BIM 技术与工程建设深度融合与应用过程中，其技术价值也逐渐得到体现。

在技术领域，BIM 行业技术集约化程度较低，行业标准体系尚不完善。BIM 主要在上海、北京等地的建筑项目中应用，上述地区的 BIM 渗透率在我国位于领先位置。

上海市大力推动 BIM 技术在重大工程建设、与装配式和绿色建筑建设深度融合方面的应用，引领 BIM 与三维扫描、倾斜摄影、3D 打印及数字孪生建设等数字建造技术融合创新，引导探索 BIM 技术正向设计、施工、运维、全过程管理等方面的全产业链协同。

在项目领域应用方面，根据《中国建筑业 BIM 应用分析报告（2020）》提供的数据，从企业 BIM 应用的时间上看，已应用 3～5 年的比例最高，达到 29.75%；其次是应用 5 年以上的企业，占 28.07%；已应用 1～2 年的企业，占 14.92%；应用不到 1 年的企业占 5.61%；仍未使用的企业有 17.08%，如图 3-41 所示。

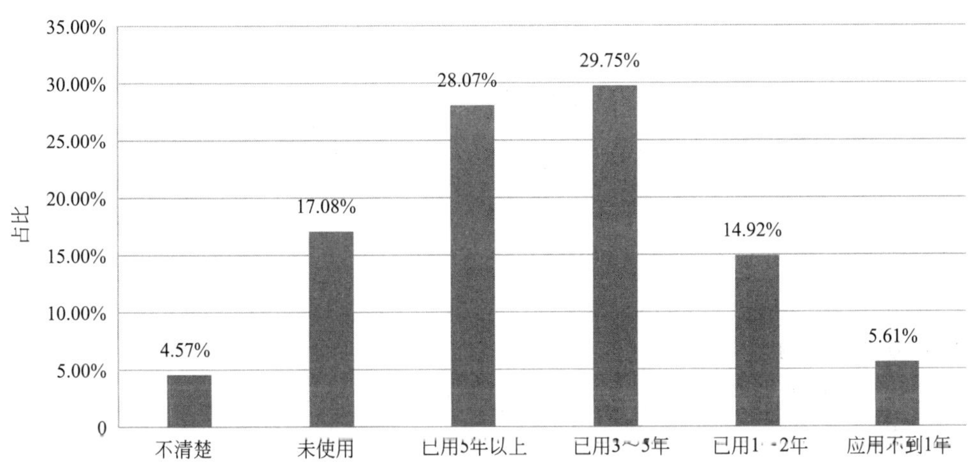

图 3-41 BIM 技术应用时间

从企业应用 BIM 技术的项目数量来看，大多数企业的项目数量并不多，已开工项目应用 BIM 技术在 10 个以下的企业有 42.26%，10～20 个的企业占 18.04%，如图 3-42 所示。值得一提的是，其中有 10.75%的企业应用 BIM 技术的已开工项目在 50 个以上，相比 2019 年提高了 3%，表明越来越多的企业在 BIM 技术的应用上开始发力。

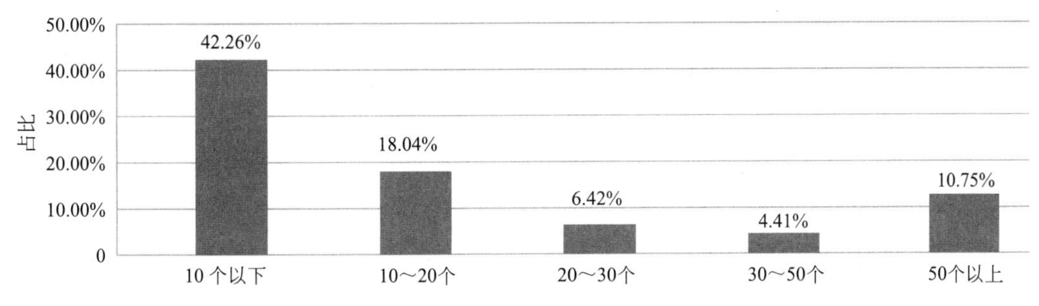

图 3-42 应用 BIM 技术项目情况

从项目类型层面看，BIM应用集中在住宅类建筑和公共建筑等房建项目中，其中公共建筑占比73.54%。值得注意的新变化是，基建类建设工程也开始了对BIM应用价值的探索，占比34.24%，如图3-43所示。

随着BIM标准体系的持续完善、建筑业信息化程度的加深、企业接受度的逐渐提高，BIM的行业应用将持续加深，市场空间将进一步扩大。总体而言，BIM行业标准完善度不高，尤其是针对设计、施工和运维各环节的标准尚待完善。

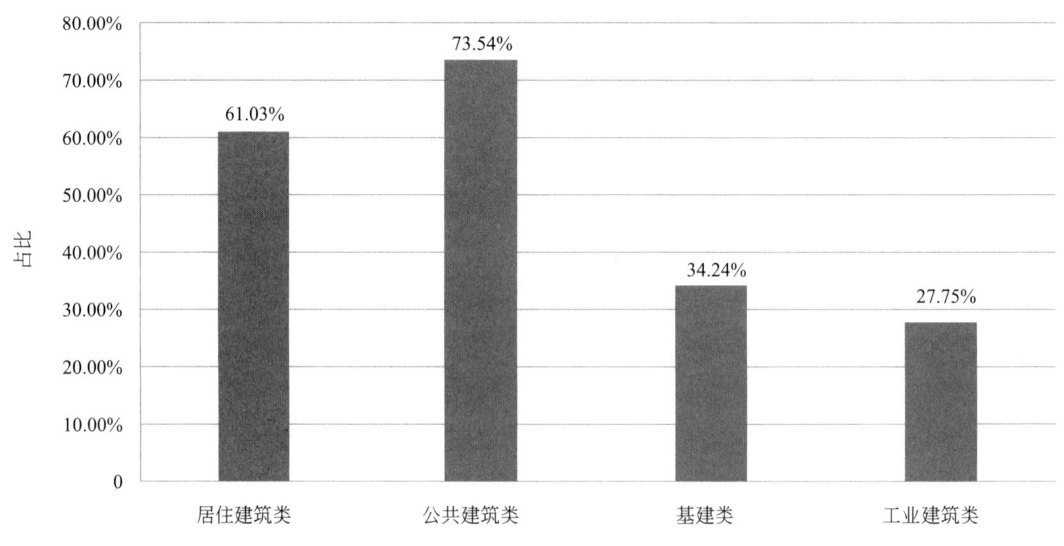

图3-43　使用BIM技术的项目类型

3. 机器人技术应用情况

工业和信息化部公布的2020年机器人行业运行情况显示，2020年1～12月，全国工业机器人完成产量237068台，同比增长19.1%，其中，2020年12月，全国工业机器人完成产量29706台，同比增长32.4%。从营业收入看，2020年，全国规模以上工业机器人制造企业营业收入531.7亿元，同比增长6.0%，此外，实现利润总额17.7亿元，同比下降26.9%，降幅较2020年前三季度收窄24.4%。分领域来看，2020年1～12月，全国规模以上特殊作业机器人制造企业营业收入28.8亿元，同比增长24.7%，实现利润总额1.2亿元。全国规模以上服务消费机器人制造企业营业收入103.1亿元，同比增长31.3%，实现利润总额0.7亿元。

得益于雄厚的制造业基础和不断开放的制度环境，长三角地区集聚了ABB、库卡、安川等国际机器人巨头，以及新松、埃夫特、埃斯顿等国内机器人领军企业。最新发布的产业地图显示，从机器人整机、核心零部件到系统集成应用，长三角地区的机器人产能占全国50%以上。随着经济高质量发展的推进，机器人在促进传统制造向智能制造升级方面扮演着越来越重要的角色。在长三角一体化发展的过程中，避免无序竞争、实现产业协同发展是重要内容。长三角机器人产业链地图收录了千余条区域机器人产业链企业和机构信息，旨在为产业政策制定和产业布局优化提供参考，为下游领域寻求供需对接和资源配置提供支撑。

随着人口老龄化趋势加快以及医疗、教育需求的持续旺盛，中国服务机器人存在巨大市场潜力和发展空间，成为机器人市场应用中颇具亮点的领域。

4 建筑工业化项目总体情况

4.1 装配式建筑项目总体情况

各地深入贯彻落实中央城市工作会议精神和《国务院办公厅关于大力发展装配式建筑的指导意见》（国办发〔2016〕71号），坚持市场主导、政府推动的基本原则，积极制定政策措施，逐步健全技术标准体系，有效推动装配式建筑快速发展。2020年，全国31个省、自治区、直辖市和新疆生产建设兵团新开工装配式建筑共计6.3亿m^2，较2019年增长50%，占新建建筑面积的比例为20.5%，完成了《"十三五"装配式建筑行动方案》确定的到2020年达到15%以上的工作目标，如图4-1所示。

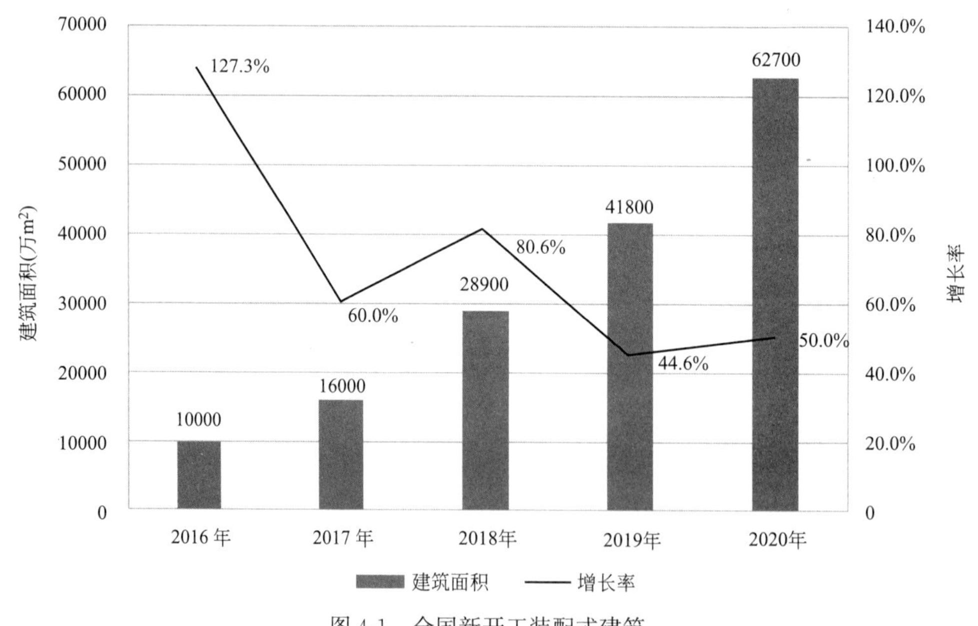

图4-1 全国新开工装配式建筑

4.1.1 各区域发展情况

2020年，京津冀、长三角、珠三角等重点推进地区新开工装配式建筑占全国的比例为54.6%，积极推进地区和鼓励推进地区占45.4%，重点推进地区所占比重较2019年进一步提高，如图4-2所示。

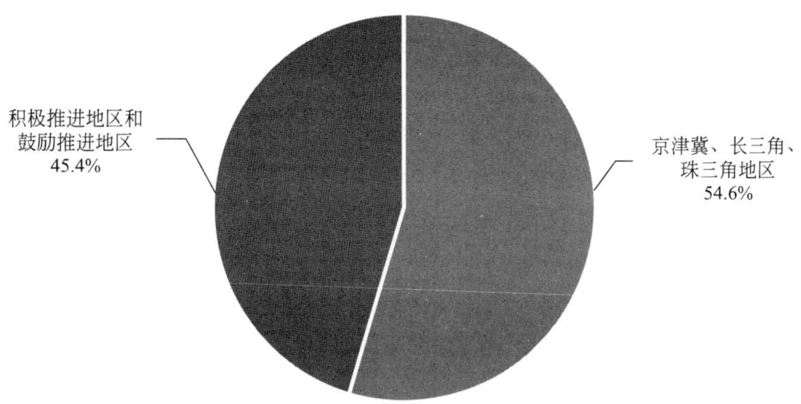

图4-2　2020年重点推进地区、积极推进地区和鼓励推进地区装配式建筑占比

4.1.2　结构类型发展情况

从结构形式看，新开工装配式混凝土结构建筑4.3亿m^2，较2019年增长59.3%，占新开工装配式建筑的比例为68.3%；钢结构装配式建筑1.9亿m^2，较2019年增长46%，占新开工装配式建筑的比例为30.2%。其中，新开工装配式钢结构住宅1206万m^2，较2019年增长33%。钢结构装配式集成模块建筑得到快速推广，在新型冠状病毒肺炎疫情的防控中发挥了重要作用，如图4-3所示。

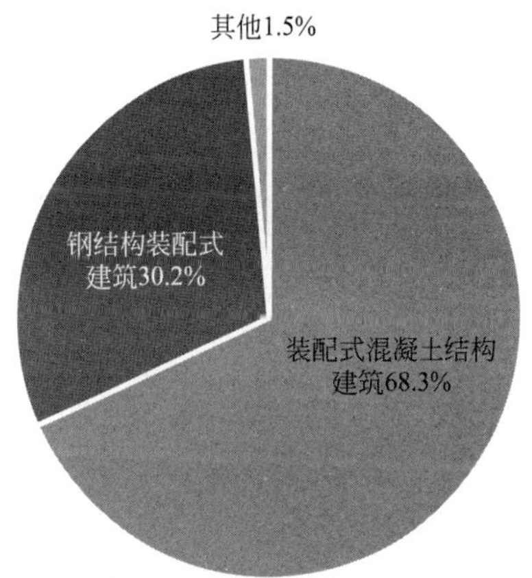

图4-3　2020年新开工装配式建筑分结构占比

不难看出，装配式混凝土结构建筑面积增速高于装配式钢结构，市场迅速扩大。从近两年国内装配式建筑结构分布来看，装配式混凝土结构占比有所提高，从2019年的65.4%提升至2020年的68.3%；装配式钢结构和其他结构类型占比均有所下降。国内装配式混凝土结构市场占有率进一步提升。

以上数据参考住房和城乡建设部标准定额司统计通报。

4.1.3　建筑类型应用情况

随着政策驱动和市场内生动力的增强，装配式建筑相关产业发展迅速。截至2020年，全国共创建国家级装配式建筑产业基地328个，省级产业基地908个。在装配式建筑产业链中，构件生产、装配化装修成为新的亮点。其中，构件生产产能和产能利用率进一步提高，全年装配化装修面积较2019年增长58.7%。

4.2 装配式桥梁项目总体情况

根据《2020年交通运输行业发展统计公报》，2020年末全国公路桥梁有91.28万座、6628.55万延米，比上年末分别增加3.45万座、565.10万延米，其中特大桥梁有6444座、1162.97万延米，大桥有119935座、3277.77万延米。从图4-4可以看出，近5年间我国公路桥梁总数上升平稳，特大桥与大桥数量加速上升。

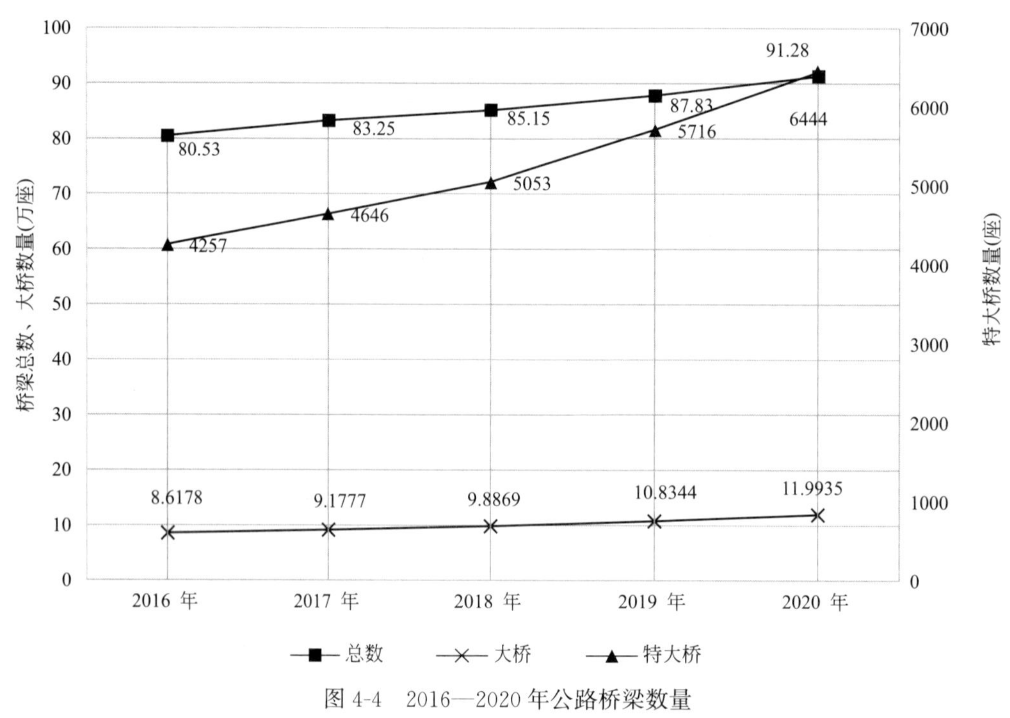

图4-4 2016—2020年公路桥梁数量

铁路桥梁方面，从中铁第四勘察设计院集团有限公司承办的2020铁路桥梁年会上获悉，我国铁路桥梁数量已经超过3万座，通车总里程超过1.6万km。

根据行业内工程项目信息服务商瑞达恒所提供的工程项目信息，可得到2020年新开工的装配式桥梁项目总体情况。据不完全统计，2020年，我国装配式桥梁新开工项目总数为151项，桥梁总数1944座。

其中，从装配式桥梁的项目数量上来看，重庆和四川的装配式桥梁项目数量最多，其次是浙江，再次分别是广东、江苏和贵州等省、自治区、直辖市，如图4-5所示。

从装配式桥梁的数量上来看，四川数量最多，有637座，贵州占据第二位，江苏、浙江、海南、重庆和广西数量也较多，如图4-6所示。

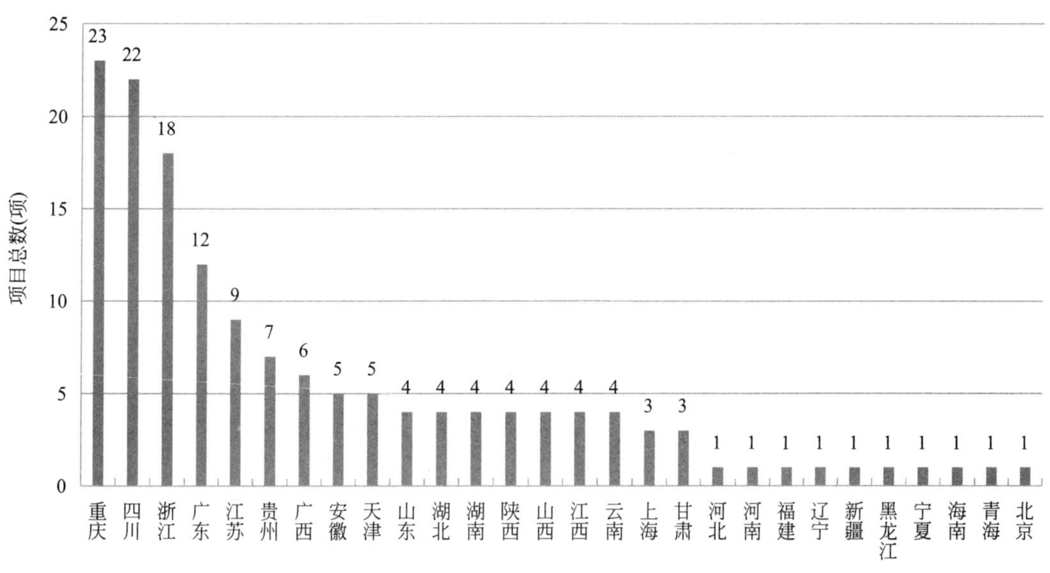

图 4-5 2020 年各省、自治区、直辖市装配式桥梁项目分布情况

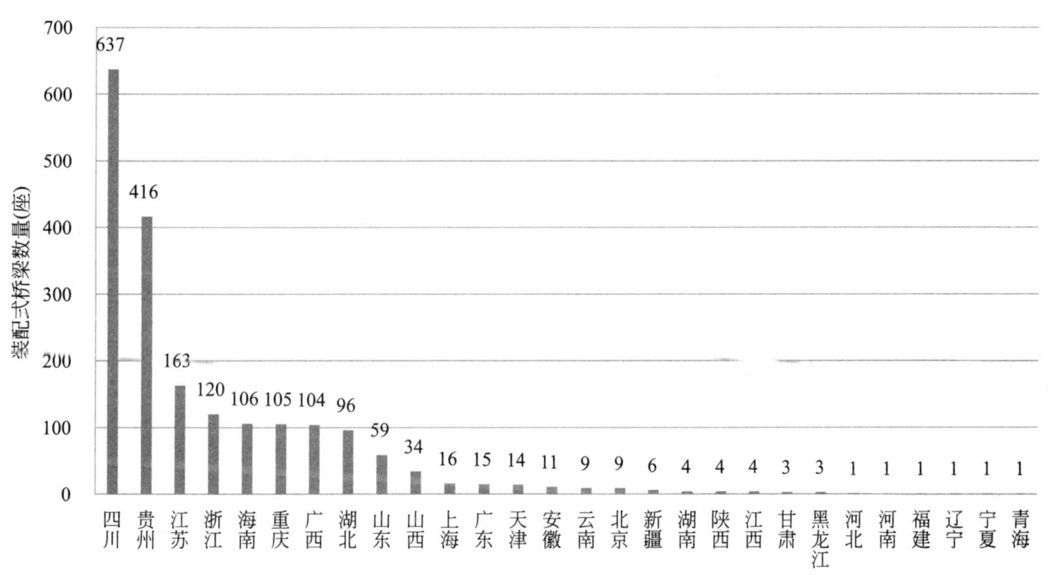

图 4-6 2020 年各省、自治区、直辖市装配式桥梁数量分布情况

4.3 典型项目简介

4.3.1 住宅

1. 北京市冬季奥运村人才公租房

北京市冬季奥运村人才公租房项目位于朝阳区奥体文化商务园区内，总建筑面积约 33

万 m^2，由 20 栋住宅组成，地上 13～17 层不等。冬奥村住宅楼地上二层以上全部采用钢框架-防屈曲钢板剪力墙结构体系，外配玻璃幕墙，地下钢结构采用钢管混凝土柱钢框架-钢板墙结构体系。与普通建筑的混凝土施工不同，钢结构可以进行二次分隔，这种建筑结构能够使室内空间灵活多变，大大减少了冬奥到冬残奥以及赛时赛后两次功能转化时的拆改工作，如图 4-7 所示。

项目亮点：项目共采用 1986 片装配式防屈曲钢板墙产品，是国内最大体量的钢板墙应用项目。

图 4-7　北京冬季奥运村人才公租房

2. 湛江市东盛路公租房项目

东盛路南侧钢结构装配式公租房项目工程位于湛江市赤坎区东盛路与华田路交界处，项目规划总用地面积 24885.55m^2，其中二类居住用地 14594.25m^2，市政道路用地面积 10291.30m^2，总建筑面积为 68606.79m^2，合同金额 28545.96 万元。项目由三栋高层住宅塔楼和两层商业裙房组成，楼高分别为 32 层（96.5m）、28 层（84.9m）和 30 层（90.7m），下设两层地下室。

项目亮点：该项目是广东省湛江市的重大民生工程，建成后将为青年教师、医生、环卫工人、公交车司机等提供 840 套公共租赁住房，是湛江市政府贯彻落实关于建立符合中国国情的多层次住房供应体系、解决住有所居等民生问题的重要举措，是贯彻“以人民为中心”发展思想和新发展理念的生动实践。

项目将钢结构建筑领域最新的技术和方法应用到工程建设中，符合绿色化、工业化的发展方向。中建科工集团有限公司在该项目设计阶段通过风洞试验辅助设计定案，并将在项目交付使用后进行持续性的结构监测，通过数值模拟、风洞试验、结构监测的数据交叉验证分析，研究钢结构装配式住宅结构设计的关键控制因素。中建科工集团有限公司还借助 BIM 技术，探索并初步实现了钢结构装配式住宅建筑、结构、水电等多专业交叉的一体化设计以及结构构件标准化和户型标准化。积极应用智能制造、墙板安装机器人、无尘切割等新技术、新设备、新工艺，大大提升了建筑现场工业化水平，实现了现场装配效率和质量的全面提升。

该项目采用工程总承包（EPC）的新型管理模式，在设计规划之初就征集了使用者的实际需求，融入设计规划中，体现了新型建筑工业化的优势，如图 4-8 所示。

图 4-8 湛江东盛路公租房项目

3. 合肥市荷塘家园二期产业化安置房住宅项目

合肥市荷塘家园二期产业化安置房住宅项目，如图 4-9 所示，位于合肥市瑶海区明皇路以北，二十埠河以西，规划用地面积 87339.6m^2，总建筑面积 284586.82m^2，包括地下车库 70732.14m^2，地上 15 栋（24～30 层）高层住宅及商业配套。结构形式为装配整体式剪力墙结构，钢筋套筒灌浆连接，住宅部分全部采用装配化建造方式，PC 构件包括：预制外保温夹芯墙板、预制内隔墙板、预制叠合楼板、预制板式阳台、预制空调板、预制楼梯等，装配率为 50%，由安徽宝业建工集团有限公司总承包（EPC）。

图 4-9 合肥市荷塘家园二期产业化安置房

该项目以设计、生产、施工一体化为支撑，以 BIM 技术为高效工具，以智能建造平台为保障手段，创新推行“研发＋设计＋采购＋制造＋管理（REMPC）”的装配式建筑。

项目亮点：是合肥市瑶海区第一个装配式建筑EPC模式招标项目，是省级装配式建筑示范观摩项目，3个月完成地下室结构施工，6个月完成所有主体结构施工，建造进度首次快于传统建筑建造，实现历史性跨越。

4. 娄底市三一街区项目

娄底市三一街区项目位于湖南省娄底市经济开发区，如图4-10所示。项目中共5栋建筑采用SPCS剪力墙体系，总建筑面积6.2万m^2。各单体除电梯井以外的墙体全部预制，竖向构件实际应用比例接近80%，装配率均超过60%，按《湖南省绿色装配式建筑评价标准》评价，达A级绿色装配式建筑。其中8、9、10、11号楼建筑高度98.4m，并应用了最新的SPCS 3.0技术，包括洞口预封堵、端部暗柱预制等，在确保结构安全性和防水性的同时，实现了快速安装，主体结构工期稳定实现4d/层；18号楼建筑高度53.4m，除SPCS外，还应用SPCH空间灵动家建筑方案，优先沿建筑周边布置剪力墙，内部仅保留极筒的结构墙体，通过应用大跨度预应力楼板和ALC内隔墙，使住户在使用期内可通过调整隔墙位置改变房间布局，适应不同时期不同居住人数的需求。项目中地下室也应用了装配式技术，采用SPCS地下室外墙和SPCS空腔预制柱，提升施工速度，减少现场材料损耗和人工需求，在地下建筑工业化方向进行了积极的探索。

图4-10　娄底市三一街区

项目亮点：是湖南省首个地上地下全部应用竖向PC构件的叠合结构工程实例，是全国首个空间灵动家示范项目，也是全国叠合剪力墙首次在百米高层建筑中的应用。

5. 深圳长圳公共住房及其附属工程项目

深圳长圳公共住房及其附属工程项目（以下简称“长圳项目”）是目前全国在建规模最大的装配式公共住房项目，是全国最大的装配式装修和装配式景观社区。项目由中建科技集团有限公司牵头EPC总承包，规划设计系设计团队原创，中标方案从人与自然的本原关系出发，从建造施工、运营维护以及生活使用等全方位统筹实施“绿色生态、健康生活”的规划设计策略。

项目亮点：长圳项目是国内最大的“十三五”国家重点研发计划绿色建筑及建筑工业化重点专项综合示范工程，示范落地了16个“十三五”国家重点研发计划项目的49项关键技术成果，并开展专题研究20项。在智能建造方面，长圳项目应用中建科技自主研发的装配式建筑智慧建造平台，集合数字设计、云筑网购、智能工厂、智慧工地及幸福空间（运维）五大功能模块，实现建筑工程的全生命周期追溯与智能建造。

项目6号住宅楼如图4-11所示，其为钢和混凝土组合结构装配式建筑示范，综合指标达国标AAA级，集成应用了国内8位院士的研究成果，如本原设计、建筑系统工程理论、钢和混凝土组合大框架结构、减隔震技术、一体化轻质外挂墙板、绿色施工、智能安全工地和绿色建筑技术等，以科技赋能，形成了典型的行业先进科研成果协同创新、集成展示平台。

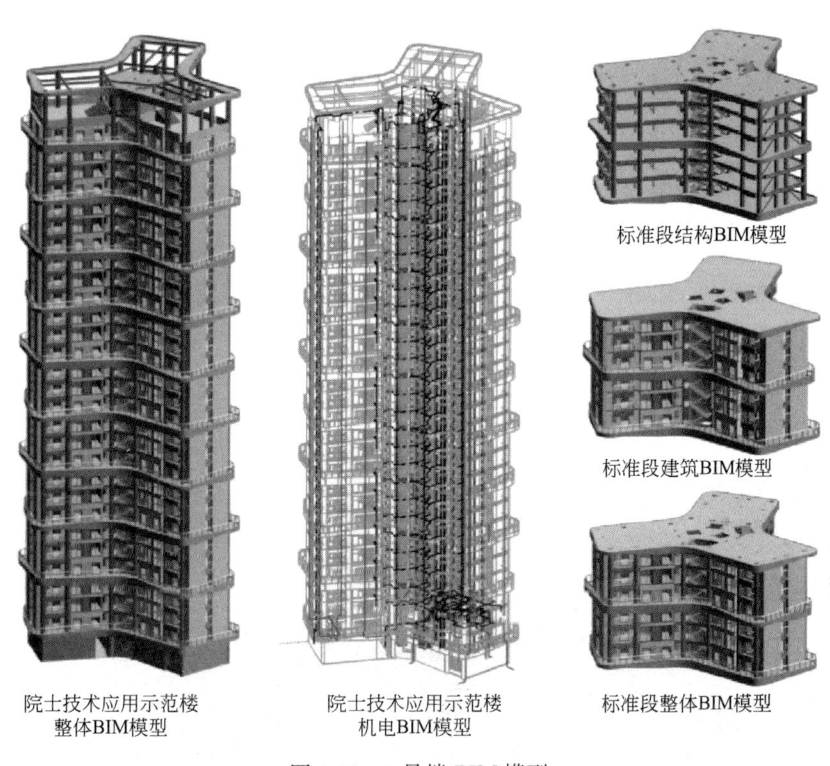

图4-11　6号楼BIM模型

4.3.2　商业建筑

1. 京东智慧城

宿迁京东智慧城三标段是京东集团打造的商务办公综合体重要组成部分，总筑面积约53万m^2。由中建科工集团有限公司承建，是中建科工集团有限公司继南京青奥文化交流中心、苏州国际金融中心、无锡国际金融中心、镇江苏宁广场等知名建筑后，在江苏打造的又一座地标性超高层建筑。项目由超高层办公楼、多层办公楼、商业配套建筑、公寓以及生活配套建筑组成，其中超高层办公楼158.85m，共33层，是目前宿迁地区在建最高建筑，如图 4-12 所示。

图 4-12　宿迁京东智慧城

项目亮点：是全国首个采用钢框架-钢板墙核心筒结构体系的建筑，也是全国首个大量应用黏滞阻尼墙的超高层钢结构。

2. 济南万达文化体育旅游城停车楼项目

济南万达文化体育旅游城停车楼项目，如图 4-13 所示，采用装配整体式混凝土框架结构，PC 构件种类涉及预制柱、预制梁、预制双 T 板、预制楼梯等，建筑总面积约 21 万 m^2，预制率达 55%，装配率达 67%，该项目位于经十东路以南，旅游路以北，莲花山以东，绕城高速绿化带以西。项目规划有 158804m^2 的停车楼，5773m^2 的商业配套建筑。设非机动车停车场 3 处，机动车停车位 6000 个，包括大巴车停车位 137 个，小汽车停车位 5658 个，其中地上停车位 4659 个，地下停车位 999 个。

图 4-13　济南万达文化体育旅游城停车楼

项目亮点：省级装配式建筑示范工程，已申报国家级装配式建筑示范工程。

4.3.3　公共建筑

1. 南京美术馆新馆

南京美术馆新馆位于江北新区核心区石佛大街与万寿路交叉口西侧，总建筑面积为

9.7 万 m^2，建筑呈不规则回字形平面；地下两层，地上四层，主屋面标高 31.8m，中央大厅屋面标高 43.35m，地下两层为框架结构，地上为钢筋混凝土筒体-钢桁架结构。其钢结构主体由 4 根巨柱和 10 根斜柱架在空中，是超大跨度、大悬挑、不规则的“回”字形结构，远看就像一座“天空之城”。

项目亮点：其桁架结构采用“整体提升施工技术”，根据工程结构的特点及吻合原设计结构受力特征，选取了 29 个“机器人”——液压提升器，对 8016t 钢结构主体进行整体提升。项目获得了 2020 年“中国钢结构金奖”，如图 4-14 所示。

图 4-14　南京美术馆新馆

2. 洛阳科技馆新馆

洛阳科技馆新馆项目位于伊滨经开区科技大道以南，中信路以北，玉溪东街以西，玉溪西街以东，处于城市未来轴线“科技谷”板块核心位置，是河南省重点工程建设项目之一，也是洛阳市“十四五”规划首个重点工程。项目占地 162 亩（1 亩≈666.7m^2），总建筑面积为 11.85 万 m^2，建筑高度 49.00m，规划设计地上五层，建筑面积为 9.67 万 m^2，地下一层，建筑面积为 2.18 万 m^2，如图 4-15 所示。

图 4-15　洛阳科技馆新馆

项目亮点：总用钢量 2 万 t 以上，其中重型 H 型钢为 5000t，原设计采用的是焊接 H 型钢，经过马钢技术人员优化后，全部采用重型热轧 H 型钢，材质为 Q390GJC，不仅强度高、韧性好，而且具有优良的 Z 向性能，此外还具有较低的屈强比，满足了抗震结构用钢要求。

3. 河北省建筑科学研究院

河北省建筑科学研究院为装配式清水混凝土建筑示范项目，如图 4-16 所示。项目分为地下一层、地上六层，总建筑面积为 9587.58m^2。主楼采用装配式清水混凝土框架结构和预制清水混凝土外挂加芯墙板，所有 PC 构件（梁、柱、楼板、楼梯、墙板等）均在工厂预制生产，现场直接拼装即可。外立面和室内部分空间打造成清水混凝土表面，免除了装饰装修，开创了结构装饰一体化新模式。在建造过程中，该示范项目瞄准建筑工业化的技术需求，以装配式结构建造和清水混凝土构件制备的关键技术问题为导向，形成了装配式清水混凝土框架结构体系建造技术、围护结构与保温隔热装修一体化墙板、基于 BIM 的全生命周期管理技术三大关键技术。其中，装配式清水混凝土框架结构体系建造技术，通过在清水混凝土中增加纤维材料，优化清水混凝土配合比，增强墙板的抗裂性能。围护结构与保温隔热装修一体化墙板，研发了配套的清水混凝土夹芯墙板，可有效避免外粘保温层老化脱落问题，实现保温结构同寿命；研发的外挂墙板隐形连接的新型节点，可通过内置螺母焊接的干式连接方式快速安装，实现了清水混凝土外墙板与主体结构完美组合的免装修效果。

图 4-16　河北省建筑科学研究院

项目亮点：该项目整体装配率高达 82%，为 AA 级装配式建筑，是目前河北省装配率最高的装配式混凝土结构公共建筑。

4. 天府会议中心

天府会议中心——天府之檐木结构装配式项目，为亚洲第一大单体木结构建筑。通过采取参数化设计与基于 BIM 技术的有限元设计实现最优化结构体系；通过机器人智能制造技术、材料的组坯、胶合、大构架件的智能加工，形成可装配化的超大构件，实现了传统穿斗结构无法实现的跨度（25m）、长度（450m）、高度（29m）、建筑面积（11250m^2），如图 4-17 所示。

图 4-17　天府会议中心

项目亮点：该建筑将传统穿斗结构的精美与现代木结构建筑的宏大融为一体，用现代木结构建筑方法实现了对传统穿斗木结构的传承与升华，是“古建新做”的典型之作。

5. 云南弥勒太平湖森林小镇国际会议中心

云南弥勒太平湖森林小镇国际会议中心项目位于云南省弥勒市，目标定位为区域性国际会议中心，建筑体系采用低碳环保、绿色生态的现代木结构装配式，获得 2020 年度中国木材保护工业协会木结构项目优质工程奖，如图 4-18 所示。

图 4-18　云南弥勒太平湖森林小镇国际会议中心

项目亮点：太平湖国际会议中心采用装配式大跨度重木结构，配以简约、大气的现代中式建筑风格，充分利用挑高通透的空间，满足会议功能，同时融入特色木文化、禅文化、民族文化，打造具有高识别度的高端国际会议中心。

4.3.4 桥梁

1. 虎跳峡金沙江大桥

香丽高速虎跳峡金沙江大桥为主跨766m的独塔单跨钢桁梁地锚式悬索桥，丽江岸锚碇采用重力式锚，香格里拉岸采用隧道锚。引桥上部结构为6m×41m钢混叠合梁。全桥总长1017m，主梁宽26m，双向四车道设计，如图4-19所示。

图4-19　虎跳峡金沙江大桥

其主桥加劲梁跨径671m，钢桁架标准断面宽26m，高6m，全桥共分为59个节段，钢桁架由主桁架、主横桁架、上下平联组成。标准节间长度5.75m，标准节段吊装长度11.5m，最大起重量103t。

项目亮点：采用Tekla软件三维仿真模拟装车，不断调试杆件、节点板打包与装车方法，提高了装车效率；针对电动扳手无法施拧的部位，项目部联系厂家根据现场实际设计制造了转弯扳手搭配数显仪器进行人工施拧；引桥桥面系，创新采用方管及圆管支模体系，相比原满堂脚手架支模体系，该方案切实做到降本增效，使得施工效率得到大幅提升。

2. 洪塘大桥拓宽改建工程

工程起点为仓山区妙峰路，与洪山桥至洪塘大桥拓宽改建工程一期工程衔接，终点桩号为国宾路，路线全长为2.2km。工程拆除现状洪塘大桥，新建桥梁跨越乌龙江，新建桥梁采用双向八车道规模，主桥采用两跨独塔钢箱梁自锚式悬索桥，主跨跨径150m，预留远期航道，索塔造型现代、简洁。为保证施工期间交通通畅，洪塘大桥采用了创新性“2－1－1＝1”方案，实现利用现状老桥，先两侧新建桥梁，翻交后再拆除中间老桥，最后通过拼接形成成桥断面，如图4-20所示。

项目亮点：引桥段采用钢混组合梁结构及免涂装耐候钢技术，在福州地区大型桥梁上为首次应用；引桥段钢混组合梁采用耐候钢替换传统桥钢材料，降低了后期养护成本，全桥耐候钢吨位达21356t，是国内最大规模的耐候钢应用；引桥桥面板采用钢混组合桥面板，是由混凝土现浇层和钢底板通过开孔板形成的叠合构件，具有很好的耐久性。

图4-20 洪塘大桥

5 发展趋势分析

根据国家装配式建筑发展目标，到 2020 年，我国大部分地区装配式建筑占新建建筑面积的比例已达到 20.5%。以住房和城乡建设部发布的装配式建筑造价参考为依据，以 2230 元/m^2（考虑到技术水平上升和物价提高对价格水平带来的不同影响，假设未来几年造价不变）为基础，以房地产新建建筑面积替代城镇新建建筑面积进行测算，至 2020 年，我国装配式建筑市场规模已达到 12000 亿元。

我国正处于建筑工业化过程的快速发展期。从历史发展来看，建筑规模化发展的主要动力是工业化的不断发展，建筑业的现代化首先是要解决工业化的问题。增加机器生产、减少手工操作是工业化发展的必然。这就意味着几十年以来小作坊式的分包体制将要经受严峻的考验，工地不再需要大量的进城务工人员，知识化、年轻化的真正意义的建筑产业工人将替代进城务工人员进入到建筑的工业化生产、安装环节，原有的进城务工人员清包工模式将被完全取代。

未来，BIM 技术和 EPC 模式在装配式建筑领域的应用会不断深化。BIM 技术与装配式建筑的结合可以在工程的全生命周期中发挥重大的作用，有利于现场的精细化管理，有利于缩短周期、节约成本、保证质量、提高项目管理水平。BIM 技术与装配式建筑必将能够为我国未来建筑业的发展推波助澜。例如，在项目前期，运用 BIM 技术与地理信息系统（GIS）有机结合，利用手机搜索场地信息总数据，并运用 GIS 技术进行分析，再利用 BIM 技术进行建模处理，从而做到帮助决策者做出合理的规划；对于构件的信息，也同样运用 BIM 技术建立构件尺寸、材料总数据库，若需要做出调整，只需利用计算机操作即可，既避免了图纸的浪费，又节约了人力物力，具有很好的经济效益；造价预算可以利用 BIM 技术进行预估，传统的造价计算需要花费大量的时间、人力，在很大程度上影响了工期的正常进行，而且因为人工计算的原因难免出现错误，容易给工程项目带来巨大的损失。而 BIM 技术在装配式建筑中的运用使得造价人员可以通过 BIM 建模提供完整的工程量数据，减少工作强度，提高造价精度。

由于装配式建筑在设计上有其独特性，尤其是各个不同的供应商的设计生产施工体系都各不相同，需要从设计阶段、生产阶段和施工阶段开始紧密配合，所以与传统的设计、制造、施工分离的承包模式不同，采用 EPC 总承包模式能够更好地提高效率。未来，大量的没有技术储备的施工图设计单位即将被兼并或淘汰。规模化、工业化、产业链的整合，意味着大量的大型房企、建设业企业需要整合建立自己的装配式建筑设计、建造、生产全产业链队伍，将成本控制在自己手中的同时，加速迈进建筑工业化的步伐；不被市场淘汰的同时，利用市场淘汰掉没有来得及对市场做出反应的竞争对手。若干年以后，随着标准化程度、软件集成化技术的进一步提高，施工图设计专业将不复存在，留下的只有规划、建筑创意事务所、集成技术设计研究所等创意类、技术研发类的设计单位，设计将在工业化的趋势下真正地名副其实。

BIM 技术协同和集成的理念与装配式建筑一体化建造的思路高度融合，特别是在 EPC 工程总承包管理模式下，基于 BIM 的装配式建筑信息化应用的作用和优势越显突出。建筑业经过以下阶段将真正进入蓝海时代：

1. 规模化发展改变市场格局

建筑业工业化发展的必然是规模化的问题，规模化导致重资金投入、规模化生产降低成本成为企业竞争的必然。这样的阶段将会对之前未实现规模化效应、资产规模较小的企业产生非常大的冲击，不能调集大量资金投入到装配式生产、安装、升级转型的中小型建筑业企业将受到致命的打击，在第一轮的拼成本占市场阶段就将出局，熬不到第二轮成本趋于稳定的时段。这样的企业即将面临生死存亡，对于工业化、现代化缺乏理解，没有知识、人才储备的中小型建筑业企业即将面临被整合、被淘汰出局的局面。建筑业企业之间横向联合、纵向整合将成为一段时期内的新常态，未来不远的几年内，行业生态都将发生变化，一些企业可能从此就消失于时代发展的潮流之中了。

2. 形成成熟的多样化的技术体系

未来发展的趋势是逐步完善预制剪力墙结构体系关键技术，发展高强度混凝土技术和预应力技术，进一步研发预制/预应力框架结构体系和预制/预应力框架剪力墙结构体系，形成系列化、多样化的技术体系支撑，保障整个行业的健康发展。

3. 集成技术不断推进

随着装配式建筑的持续推进，建筑行业的集成技术将呈现为不断地跨界融合的过程，原有的一些产品、材料、工种会消失，演变为集成化产品、产业化工人。这将是一个集成、演变、再集成的动态调整过程，行业发展随着产业升级得到了不断的提升，技术升级与跨界融合思维在此得到了更大的体现。

4. 形成通用体系

通用体系是采用定型构件的方法，以部品构件及连接技术的标准化、通用性为基础，一个构件厂生产的构件能在各种类型的建筑之间互换通用。通用体系适合组织构配件生产的专业化和社会化，是更有利于高度机械化、自动化的工艺，是一种完美的工业化形式，必然是未来发展趋势。

5. 智能机器人应用

智能机器人应用将成为建筑工业化发展的必然，成本的节约、效率的提升、质量的精细化控制都意味着建筑业将需要大量的智能机器人活跃在生产、安装、运输管理的各个阶段，目前阶段以生产为主。智能化、科技化成为建筑科技发展的时代潮流。

6. 质量终身责任制

建造质量随着建筑工业化的发展获得极大的提升，精细化设计、精细化集成、精细化安装、严格的质量回溯，都会使建造质量得到提升。质量终身责任制将不再是一句空话，质量将能追溯到每一颗螺钉。装配式建筑是现代中国工业化、规模化发展的必然，也是建筑产业升级、淘汰落后产能、提升建筑质量的必然。行业生态由此得到了调整与优化，大型的建造全产业链企业将会越来越多。

6 参考文献

[1] 王兵，任万武，何俊良，等．镂空钢结构楼梯施工方法：112627446A [P]. 2021-04-09.

[2] 张鹏飞，李旺，杨坤，等．装配式建筑用构件及具有其的装配式建筑：112012398A [P]. 2020-09-17.

[3] 周敬德，杨恩喜，周忠定，等．一种装配式钢结构建筑墙板顶面间隙处理结构及方法：112227574A [P]. 2021-01-15.

[4] 龚祖平，云正．一种模块化装配式混凝土自保温墙板：111851854A [P]. 2020-07-22.

[5] 张猛，马钊，徐鑫．一种带有悬挑板的预制墙构件：111926996B [P]. 2020-09-03.

[6] 熊海贝，孙瑾煜，陈佳炜．一种适于快速搭建的装配式现代木结构方舱及方舱体系：111502025A [P]. 2020-08-07.

[7] 鲁军，杨继奎，谢苗，等．一种装配式木结构墙体构造：210767368U [P]. 2020-06-16.

[8] 徐生洋，潘盛松，钟俊言，等．一种装配式木结构墙体的拼接节点：111535478A [P]. 2020-08-14.

[9] 郝文甫，孟钢，余允锋，等．连接承台和预制桥梁墩身的湿接缝构件：109267473B [P]. 2020-06-09.

[10] 黄少文，刘小方，白午龙，等．桥梁多点分散体外预应力预制模块加固装置及其加固方法：112030784A [P]. 2020-12-04.

[11] 李金国，吴冲，曾明根，等．桥梁结构连接节点及施工方法：111979902A [P]. 2020-11-24.

[12] 胡友斌，徐安飞，杨杰文，等．基于 BIM 的装配式建筑预制混凝土构件模具的排布方法：112060292A [P]. 2020-09-25.

[13] 张树岩，王建真，相朋林，等．一种基于 BIM 技术的装配式建筑构造设计系统：111027940A [P]. 2020-04-17.

[14] 刘景矿，吴飘，王东，等．一种装配式建筑施工安全监控系统、方法、装置及介质：111210365A [P]. 2020-05-29.

[15] 莫怡极，莫敏婷．基于大数据和装配式建筑平台的数据处理方法、系统及存储介质：112184493A [P]. 2021-01-05.

[16] 左自波，黄玉林，张龙龙，等．一种全尺寸 3D 打印系统及方法：111927099B [P]. 2020-12-25.

[17] 余振权，王宜将，童臻华．钢板组合剪力墙在装配式高层住宅中的设计应用 [J]. 建筑结构，2020，50（S1）：545-548.

[18] 余琼，张远明，宫鑫，等．钢筋套筒灌浆对接与搭接接头力学性能对比 [J]. 哈尔滨工业大学学报，2020，52（8）：140-150.

[19] 武雷，杨威，孙远，等．打印混凝土与钢筋的黏结性能试验研究 [J]. 工业建筑，2020，50（11）：

32-39.

[20] 贾东，张一承．基于传统榫卯节点的装配式纯木结构构造节点简化研究［J］. 北京工业大学学报，2020，32（3）：34-48.

[21] 陈兰英，庄诗潮．太阳能建筑装配式轻型木结构设计［J］. 建筑技术，2020. 51（9）：1138-1141.

[22] 屈宏雅，肖纬，李田田．基于新型波纹管连接构造的预制拼装桥墩地震破坏机理的试验研究［J］. 地震工程与工程振动，2020，40（5）：193-198.

[23] 周平，宋东泽，黄智雄，等．变截面连续刚构桥梁 0 号块托架设计［J］. 施工技术，2020，49（S1）：1223-1225.

[24] 李立峰，叶萌，胡方健，等．预制大悬臂预应力 UHPC 薄壁盖梁抗弯性能的试验研究［J］. 土木工程学报，2020，53（2）：92-104.

[25] 杨宇沫．基于 BIM 的装配式建筑智慧建造管理体系研究［D］. 西安：西安科技大学，2020.

[26] 戴明立．BIM 技术在装配式建筑中的应用［D］. 合肥：安徽建筑大学，2020.

[27] 孙智浩．基于 BIM 技术的某工程预制构件生产质量管理研究［D］. 邯郸：河北工程大学，2020.

[28] 李昊．装配整体式工程 Revit 二次开发与数据分析研究［D］. 北京：北京建筑大学，2020.

[29] 刘晓惠．基于精益管理的装配式建筑智慧化管理体系研究［D］. 西安：西安建筑科技大学，2020.

[30] 中国混凝土与水泥制品协会．2019 年度中国预制混凝土构件行业发展报告［J］. 混凝土世界，2020（2）：26-28.